KB054110

프로야구 명감독이
주식투자를 한다면

프로야구 명감독이 주식투자를 한다면

안혁 지음

매일경제신문사

야구와 주식을 쉽게 이해할 수 있게 해주는 살아 있는 교과서!

증권사 애널리스트인 필자가 주로 만나는 고객들은 주로 국내외 기관투자자들이다. 적게는 몇 백 억에서 크게는 1조 원 이상의 자금을 운용하는 이들과의 만남은 언제나 긴장의 연속이다. 하지만 한 개인으로 가장 보람찬 시간은 비정기적인 강의를 통해 만나는 개인투자자들과의 시간이다. 비록 전문 투자가들 사이에서 느껴지는 프로들의 비장함은 느껴지지 않지만, 더 많은 사람들에게 투자에 대한 오해를 바로잡아 준다는 점에서 전문가로서의 보람을 느낀다.

그렇다면 개인투자자들은 어떤가? 부족한 월급을 보며 은퇴 이후를 걱정하던 중 직장에서 오가는 주식 이야기를 통해 주식투자에 본격적인 관심을 가지기 시작한 샐러리맨이 가장 먼저 떠오른다. 또한 주식으로 두 배 벌었다고 자랑하는 주변 지인의 성공담을 들으면서 자신 또한 그 성공의 주인공이 되겠다는 희망으로 주식을 시작한 투자자들 역시 개인투자자 하면 떠오르는 대표적인 이미지다. '개미'라고 불리기도 하는 이런 개인투자자들은 결국 우리 주변에서 흔히 볼 수 있는 사람들이기도 하고, 그렇기 때문에 여러 가지 부정적인 사례들도 자주 접하게 되다. 주식투자 실패로 인해 퇴직금을 날리고 가정 파탄에 이르는 사연, 그로 인해 목숨을 끊거나 범죄에 연루되는 사건, 주가조작으로 피해를 본 개인투자자들의 하소연, 더 나아가 연예인들의 주식투자 실패 사례가 예능 소재로 이용되는 것들을 뉴스나 방송을 통해 심심치 않게 들을 수 있다.

하지만 주식투자의 본질이 도박의 성격을 가진 투기가 아니라 기업을 사는 투자 행위라는 것을 아는 건강한 개인투자자들은 오히려 주식투자의 부정적인 면을 피하기 위해 주식을 제대로 공부하고 싶어 한다. 이들이 가장 먼저 찾아가는 곳은 대형서점의 주식 관련 코너인데, 막상 가장 눈에 띄는 책들은 자신의 투자 성공 사례를 늘어놓는 경우가 대부분이다. 시선을 돌려 조금 더 전문적인 책을 읽다 보면 여러 가지 전문용어들 사이에서 방황하는 자신의 모습을 발견하기 쉽고, 해외 유명 투자자들의 사례를 번역한 책을 읽다 보면 국내 주식 시장과는 다른 세상의 이야기를 하는 것 같아 비현실적으로 느껴지기도 한다. 이렇게 주식공부에 어려움을 겪은 개인투자자들은 증권 방송에서 거론되는 종목이나 확실한 정보라고 가져다 준 지인의 추천 종목을 믿고 투자를 하는데, 안타깝게도 큰 손해를 보고 주식을 처분하는 상황에 이르는 경우가 많다. 그렇다면 왜 대다수의 개인투자자들은 같은 실수를 반복하면서 손해를 보는 것일까?

필자는 이에 대한 대답을 상식의 부재에서 찾는다. 그동안 다양한 교육을 통해 만났던 개인투자자들의 고충을 들어보면 그들 대부분은 주식 시장이 우리가 생활하는 일반적인 세상과 다른 세상이라고 생각하는 경향이 많았다. 이러한 고정관념은 개인투자자들 스스로가 주식 시장이 만들어내는 신비주의에 위축되도록 하여 주식에 대한 합리적인 판단을 어렵게 만든다.

잠시 야구의 예를 들어보자. 야신(野申)이라 불리는 김성근 감독이 삼성 라이온즈가 올해 우승할 것이라고 전망을 했다고 가정해보자. 독자들은 이 전망을 믿고 스포츠 토토와 같은 곳에 전 재산을 걸 수 있는가? 수많은 변수가 경기에 영향을 미친다는 사실을 잘 아는 상식적인 야구팬이라면 삼성이 충분히 우승할 수 있는 전력을 가지고 있다는 것을 잘 알지라도 삼성의 우승에 전 재산을 거는 내기는 하지 않을 것이다. 실제로 2013년 우승을 차지한 삼성이 한국시리즈 7차전에서 우승컵을 들어올리기까지의 과정은 그리 순탄치 않았다. 야구라는 경기 자체에 내재되어 있는 불확실성에 대해 시사하는 바가 많았던 한국시리즈였다.

하지만 개인투자자들 중에는 증권사 직원이나 지인들의 추천만으로 전 재산을 주식에 투자해 실패하는 경우가 종종 발생한다. 애널리스트의 의견과 지인들이 제공하는 정보가 모두 타당할지라도 주식투자 역시 야구처럼 수많은 변수에 의해 영향을 받기 때문에 예측이 틀릴 가능성이 높다. 그렇기 때문에 전문투자자들은 언제나 틀릴 수 있는 확률을 염두에 두고 투자 포트폴리오를 구성한다. 하지만 주식 시장의 신비주의에 사로잡혀 합리적 판단력을 쉽게 잃어버리는 개인투자자들은 위험에 대한 투자의 기초 상식을 잊고 자신의 투자금을 과도한 위험에 노출시키는 경우가 자주 발생한다.

그렇다면 투자자들이 이러한 비상식의 굴레에서 벗어나기 위한 방법은 무엇인가? 바로 야구의 상식을 주식투자에 적용하는 것이다. 앞서 이야기한 우승팀 맞추기 사례에서처럼 야구에서 발생하는 여러 가지 사례를 조금만 바꿔 주식투자에 적용해보면, 주식투자에서 겪고 있는 많은 문제들과 고민들이 쉽게 해결될 수 있다. 예를 들어 삼성전자가 앞으로 더 오를까 내릴까 하는 문제는 LG 트윈스 이병규 선수가 내년에도 3할 이상의 타율을 올릴 것인가라는 문제로 바꿔 생각해볼 수 있을 것이며, 코스피가 내년에 상승할 확률은 한국이 WBC 결승에 진출할 수 있는 확률의 문제로 바꿔 생각해볼 수 있다. 야구를 통해 투자자들이 주식 시장을 조금만 상식적으로 판단할 수 있는 훈련이 되어 있다면 적어도 주식투자를 통해 크게 손해 보는 일은 없을 것이다. 이러한 훈련으로 피할 수 있는 실패를 줄일 수 있다면 주식투자는 그 어떠한 투자자산보다 개인투자자들의 자산을 증식시킬 수 있는 매력적인 투자수단임이 분명하다.

이 책은 야구 경기에서 사용되는 다양한 전략과 팀 운영방식 노하우를 이용해 주식투자를 합리적으로 할 수 있는 방안을 제시함으로써 투자에 어려움을 겪고 있는 개인투자자들에게 올바른 투자 철학을 갖는 데 도움을 주는 것을 목적으로 한다. 이 책에서 다루는 여러 가지 주식투자 문제는 애널리스트라는 직업을 가지고 있으면서 사회인 야구를 직접 뛰며 감독을 하고 있는 필자의 독특한 백그라운드가 많은 도움이 되었다. 특히 부족한 실력이나마 야구팀을 운영한 경험은 경기장 밖에서 팬의 시각으로 야구를 보는 것과 실제 경기장 안에서 선수와 감독으로서 야구를 보는 관점 사이에 분명한 차이가 있다는 것을 느끼게 했고, 나아가 야구에 대한 균형 갖춘 시각을 형성하는 데 큰 도움을 주었다. 그리고 이 지식과 경험이 이 책을 통해 그동안 제도권 교육에서 소외된 개인투자자들에게 제대로 된 투자 상식을 전달해주는 소중한 밑바탕이 될 것이다.

이 책은 총 네 부분으로 구성되어 있다. 첫 번째 부분인 'Part 1. 야구와 주식, 많이 닮았다'에서는 모든 투자자가 야구 감독의 시각으로 주식 시장을 보는 관점을 제시한다. '야구 감독이라면 이 상황에서 어떤 작전을 낼 것인가?'라는 질문을 통해 '투자자라면 이 상황에서 이렇게 할 것이다'라는 해결책을 스스로 찾을 수 있도록 할 것이다. 이를 위해 야구와 주식투자가 얼마나 유사한지 살펴보고, 성공하는 야구 감독과 주식투자자가 되기 위해 필요한 투자 마인드와 자질을 제시한다.

두 번째 부분 'Part 2. 데이터를 이용한 새로운 게임의 룰'에서는 데이터를 이용한 야구 경기 전략과 주식투자 전략을 소개한다. 데이터를 이용해 야구 경기를 분석하는 분야를 세이버메트릭스(sabermetrics)라고 하는데, 국내에서는 브래드 피트가 주연한 〈머니볼(*Moneyball*, 2011)〉이라는 영화를 통해 소개된 바 있는 분야이기도 하다.

국내에서는 SK 와이번스를 세 번이나 우승시킨 김성근 감독의 세밀한 데이터 야구의 성공사례를 통해 본격적으로 알려지기 시작했다. 데이터를 이용한 이러한 세이버메트릭스의 접근 방법은 투자 분야의 퀀트(quant) 전략과 일맥상통한 철학을 공유한다. 계량적(quantitative)이라는 의미를 가지고 있는 퀀트 전략은 데이터와 통계 분석을 이용한 주식투자 방법으로, 퀀트 애널리스트인 필자의 전문분야이기도 하다. 이 책에서는 세이버메트릭스라는 분야를 통해 야구를 숫자로 보는 관점을 이해하고, 이를 통해 객관적인 숫자와 데이터를 이용해 주식투자하는 방법을 소개할 것이다.

세 번째 부분인 'Part 3. 세이버메트릭스를 이용한 실전 퀀트 투자'에서는 세이버메트릭스와 퀀트 분석을 통해 실제 야구 경기와 주식 포트폴리오를 운영하는 방법들을 소개할 것이다. 개인투자자들이 가장 어려워하는 재무제표 등의 복잡한 데이터를 보는 방법과 저평가 종목을 찾는 방법, 그리고 주가 예측에서 개인투자자들이 놓치고 있는 중요한 요소들을 야구의 예를 통해 쉽게 설명할 것이다. 그리고 판타지 베이스볼 게임이라는 가상의 야구 시뮬레이션 게임을 통해 야구 전략을 실전에 적용하는 방법을 살펴보고, 이를 통해 실적감각을 키우려는 개인투자자들에게 모의 투자를 통해 퀀트 전략을 테스트해 볼 수 있는 가이드 역할을 할 것이다.

마지막 부분 'Part 4. 간접투자를 위한 짧은 조언'에서는 대표적인 간접투자인 펀드투자를 합리적으로 하는 방법을 소개한다. 이를 위해 구단주가 좋은 감독을 찾고 그 감독과의 관계를 이어가는 방법과 노하우 등을 구체적인 사례를 들며 소개할 것이다. 구단주가 팀의 운영을 어떤 감독에게 맡길까 하는 문제는 투자자의 돈을 매니저에게 위임하는 펀드 투자와 많은 철학을 공유하기 때문이다.

많은 독자들이 궁금해하는 질문에 대한 답으로 첫 장인 '경기 전 시구'를 마무리하고자 한다.

'이 책을 읽으면 투자에 성공할 수 있을까?'라고 생각하며 이 책을 통해 매일 상한가를 가져다줄 전략을 기대하는 투자자라면 이 책은 큰 도움이 되지 않을 것이다. 주식투자 전문가 역시 야구 전문가처럼 매 타석마다 안타를 쳐줄 타자를 족집게처럼 맞출 자신은 없기 때문이다. 하지만 단기적인 큰 수익보다 오랜 기간 동안 안정적인 수익을 가져다줄 수 있는 투자 전략을 원하는 투자자, 다시 말해 자신의 팀을 꾸준히 포스트 시즌에 진출하는 것이 목표인 야구 감독이라면 이 책은 성공적인 투자에 좀 더 다가갈 수 있는 새로운 방법을 제시해 줄 것이다. 더 나아가 이 책을 통해 독자들이 야구를 즐기는 것처럼 주식투자 역시 즐거운 마음으로 할 수 있기를 기대한다.

안 혁

Contents

PART 2

데이터를 이용한 새로운 게임의 룰

PART 3
세이버메트릭스를 이용한 실전 퀀트 투자

야구와 주식, 많이 닮았다

야구를 좋아한다면 이미 주식투자의 반을 시작한 것이다

야구와 주식투자가 닮았다는 이야기는 더 이상 새로운 이야기가 아니다. 특히 메이저리그와 월스트리트로 대변되는 미국에서는 이 두 분야의 관계를 찾아보려는 시도가 오래전부터 있어왔다. 브래드버리(J. C. Bradbury)는 《*The Baseball Economist*》[1]라는 책을 통해 경제학의 개념을 야구에 적용시켜보려 했고, 미국의 대표적인 경제 칼럼니스트인 마이클 루이스(Michael Lewis)는 《머니볼(*Moneyball*)》을 통해 오클랜드 애슬레틱스(Oakland Athletics)의 실제 사례를 경영학에 접목시켰다. 또한 창단 이후 줄곧 하위권에 머물렀던 템파베이 레이스(Tampa Bay Rays)는 월스트리트 출신 스튜어트 스턴버그(Stuart Sternberg)를 구단주로 맞아들여 팀 운영 방식을 바꿈으로써 2008년 창단 후 처음으로 아메리칸리그 챔피언십을 차지하기도 했다. 월스트리트의 금융업 종사자들이 야구에 많은 관심을 가지고 있는 것은 미국에만 국한되는 일은 아니다. 여의도와 광화문의 투자전문가들 중에는 필자처럼 사회인 야구에 직접 참여하는 사람부터 심판 자격증을 가지고 있는 사람까지 야구에 대한 열정으로 가득한 야구팬들이 다른 분야에 비해 많은 편이다.

그렇다면 투자전문가들이 야구를 유독 좋아하는 이유는 무엇일까? 필자는 주식 시장과 야구 경기가 작동하는 메커니즘, 즉 확률 게임이라는 숙명을 서로 공유하고 있기 때문이라고 생각한다. 월스트리트와 여의도, 광화문의 투자전문가들은 아마도 야구 경기라는 일종의 여가활동을 통해 직업으로 접하고 있는 주식투자를 복습하고 있는 것일지도 모른다. 이러한 야구와 주식투자의 공통점은 주식에 익숙하지 않은 야구팬에게도 적용될 수 있다. 야구 경기에서 벌어지는 확률의 오묘한 재미를 느끼는 야구팬이라면 다른 스포츠팬에 비해 주식투자를 좀 더 쉽게 이해할 수 있다.

이번 회에서는 야구와 주식의 유사성을 자세히 살펴봄으로써 투자에 관심을 갖기 시작한 야구팬들이 주식투자를 쉽게 이해할 수 있는 연결고리를 제시하고자 한다. 야구를 좋아하는 것 자체가 이미 주식투자의 반을 시작한 것과 다름없다는 점을 기억해두자.

모닝 미팅에서 찾은 야구

월요일 아침 출근길, 주말에 뛰었던 사회인 야구 결과가 머릿속에 맴돌고 있다. 1점차로 진 경기였기에 다른 어떤 경기보다 아쉬움이 많았던 경기였다. 지인들과 만든 사회인 야구팀에서 감독을 맡고 있는 필자이기에, 승부처가 됐던 시점에서 냈던 작전 실패가 감독으로서의 역량 부족 때문인 것 같은 자책감에 사로잡혔다.

'투수를 조금 더 빨리 바꿨어야 했나?'

'에러가 잦았던 그 친구를 일찍 교체했어야 하나?'

'만약'으로 시작하는 이런 가정법 질문들을 스스로에게 던지며 출근하고 있는 필자의 직업은 애널리스트다. 기업의 적정 가치를 분석하고 주식에 대한 의견과 투자전략을 제시하는 애널리스트는 다른 직업에 비해 연봉이 높은 편에 속해 금융업에 진출하려는 대학생들에게 인기 있는 직업 중에 하나이다. 또한 다양한 금융상품에 대한 분석이 필요한 선진금융시장에서 가장 많이 필요로 하는 전문가이기도 하다.

애널리스트가 하루 중 가장 중요하게 생각하는 시간은 오전 7

시 반 전후에 이루어지는 모닝 미팅이다. 애널리스트의 최종 결과물이라고 할 수 있는 리포트를 발표하는 자리로, 주식에 대한 자신의 투자의견을 피력하는 자리다. 이날 미팅은 전일 뉴욕시장 급락에 따른 대응전략을 제시한 투자전략 애널리스트[2)]의 발표로 시작했다.

'금요일 밤 유럽은행이 재정지출을 늘리기로 결정하면서 유럽 시장이 급등했고, 이어서 열린 미국 시장도 상승했습니다. 저희는 이번 정책으로 유럽 금융 위기의 큰 고비는 넘겼다고 생각합니다. 우선 유럽은행의 재정지출 확대 내용을 살펴보면….'

이러한 애널리스트의 의견을 맞은편에서 귀 기울여 듣고 있는 사람들은 세일즈맨들이다. 이들은 애널리스트 리포트를 바탕으로 그들의 고객인 포트폴리오 매니저(펀드 매니저)[3)]들의 주식 거래를 성사시키는 역할을 한다. 애널리스트의 좋은 투자의견은 고객의 수익률을 향상시키는 데 도움을 주기 때문에 애널리스트의 정확한 투자의견은 세일즈맨의 거래 성사로 이어진다. 따라서 고객들에게 제시할 투자의견을 발표하는 모닝 미팅에서는 그 어느 시간보다 애널리스트와 세일즈맨의 열띤 토론이 이어지기 마련이다. 불행하게도 오늘 미팅은 한 세일즈맨이 애널리스트의 의견을 정면으로 반박하면서 긴장감이 고조됐다.

'지난번에도 마찬가지 이유로 유럽 금융 위기가 많이 해결됐다는 의견을 제시하셨는데, 결국 예상과 달리 다시 문제가 생겨 크게 하락하지 않았습니까? 이번 정책으로 큰 고비를 넘겼다는 위원님의 의견을 어떻게 고객에게 전달할 수 있겠습니까?'

약간은 감정적이기도 했던 세일즈맨의 지적을 시작으로 애널리스트와 세일즈맨의 격렬한 논쟁이 이어졌다. 애널리스트는 자신이 했던 과거 예측은 그 당시에 알 수 있었던 정보를 바탕으로 얻을 수 있는 최선의 결론이었으며, 그 예측이 빗나간 것은 합리적인 판단으로 예상할 수 없었던 시스템 외적인 요인 때문이라 어쩔 수 없다고 반론했다. 반면, 세일즈맨은 그렇게 예측하기 어려운 이슈라면 오늘 제시한 의견도 결국 신뢰도가 떨어지는 것이 아닌가 되물었다.

이러한 애널리스트와 세일즈맨의 열띤 논쟁을 보고 있노라니 오늘 아침 출근길까지 괴롭혔던 지난 사회인 야구의 몇몇 장면들이 불현듯이 스쳐 지나갔다. 그 경기의 분수령은 5회 말 우리 팀의 마지막 수비였다.[4] 그 상황을 자세히 살펴보자.

5회 말 수비 상황. 우리 팀은 8:4로 이기고 있었고 마지막 수비인 만큼 1이닝을 3점 이내로 막으면 승리할 수 있는 상황이었다. 우리 팀에서 가장 성적이 좋은 에이스 투수는 상대방의 내야 땅볼을 유도해 아웃 카운트 두 개를 쉽게 잡아냈다. 하지만, 마지막 아웃 카운트에 대한 욕심 때문이었을까? 어깨에 힘이 들어간 투수의 제구력이 급격하게 나빠지면서 연속 3개의 볼넷을 내줘 2아웃 만루 위기를 자초했다. 감독인 필자의 머릿속에는 투수를 교체해야 하는지, 아니면 그대로 밀고 나가야 하는지에 대한 고민으로 가득 찼다. 그동안 여러 경기를 통해 느꼈던 바를 적어놓은 감독 수첩의 내용이 떠올랐다.

'메모1: 볼넷이 갑자기 많아진 투수는 심리적으로 위축되어 있기 때문에 교체를 해줘야 한다.'

'메모2: 적어도 사회인 야구에서는 컨디션이 나쁜 에이스 투수가 경험이 적은 투수보다 낫다.'

서로 다른 해결책을 기록한 두 메모 사이에서 필자는 결국 에이스 투수의 능력을 믿으라는 두 번째 메모 내용을 따르기로 했다. 결과는? 패배였다. 평소 잘 던지는 투수였지만 심리적으로 위축된 투수는 볼넷을 더 내주지 않기 위해 가운데로 몰리는 공을 던지다 안타를 맞았고, 야수들 또한 '질 수도 있겠다'라는 생각에 위축돼 에러를 연발하며 역전을 허용했다.

만약 이와 같은 상황이 프로야구 경기에서 재현됐다면, 언론은 이 상황을 어떻게 평가했을까? 아마도 '투수에 대한 맹목적인 믿음, 승리를 날려버리다'와 같은 비판적인 기사를 썼을 것이다. 하지만 결과가 좋았다면? 아마도 그 기사의 헤드라인은 이렇게 바뀌었을 것이다. '선수에 대한 감독의 믿음, 승리를 이끌어내다.' 오늘 모닝 미팅에서 공격을 받았던 애널리스트도 지난번 예측이 맞았다면 오늘 같은 논쟁으로 이어지지 않았을 것이다. 필자가 투수를 바꿔야 할지 말아야 할지 치열하게 고민했던 것처럼 그 애널리스트 역시 당시 시점에서 가장 최선의 전망을 내고자 노력했을 것이다. 그럼에도 불구하고 결과적으로 틀린 예측으로 이렇게 공격을 받고 있는 점이 마치 지난 야구 경기의 필자를 보는 것 같았다.

야구 경기와 주식 시장, 무엇이 닮았는가?

어이쿠. 내 눈앞에서 펼쳐지고 있는 모닝 미팅의 전쟁과 같은 열띤 논쟁 속에서도 아직도 야구 생각이 나다니, 아직도 지난 주말 경기의 여운이 남아 있나 보다. 하지만 주식을 생각하다 야구를 자연스럽게 생각하게 된 것은 우연이 아니다. 주식과 야구는 다루는 대상에는 차이가 있을지언정, 발생되는 여러 가지 사건에는 공통점이 많기 때문이다. 우선 표면적으로 드러나는 야구 경기와 주식 시장의 공통점을 비교해보자(표1-1). 각 요소들의 역할을 주의 깊게 비교해본다면 야구를 통해 주식 시장을 이해하는 데 많은 도움이 될 것이다.

표1-1 야구 경기와 주식 투자의 유사성

야구 경기	주식 시장
선수 ·성적(타율, 타점, 방어율 등) ·보직(투수, 내야수, 외야수 등) ·스타일(선발 투수, 마무리 투수, 슬러거, 교타자 등) ·몸값(연봉, 이적료 등)	주식(종목) ·수익률, 안정성 등 ·업종(소재, 경기소비재, 금융, IT 등) ·스타일(가치, 성장, 대형주, 중소형주 등) ·주가, 시가총액
선발 라인업	투자 포트폴리오
감독과 코치	포트폴리오 매니저
전력분석원	애널리스트
프런트(구단 운영)	자산운용사 경영진
미디어 및 데이터 서비스	

●야구 선수 vs. 주식

야구 경기의 주인공이라고 할 수 있는 야구 선수는 투자자들이 사고파는 주식 또는 종목이라고 할 수 있다. 다시 말해 좋은 주식을 추천해달라는 질문은 좋은 선수를 추천해달라는 질문과 같으며, 어떤 주식으로 투자 포트폴리오를 구성할까라는 매니저의 고민은 어떤 선수를 경기에 출전시킬까라는 감독의 고민과 같다고 볼 수 있다.

그렇다면 감독은 어떤 기준으로 좋은 선수를 판단할까? 성장 가능성이 높은 선수는 미래 유망주를 뽑는 신인 지명 드래프트에서 중요하게 여기는 기준이 되는 반면, 꾸준한 성적과 풍부한 경험은 자유계약(FA) 선수를 영입하는 데 중요한 기준이 될 것이다. 더 나아가 감독의 성향에 따라 인성, 성실성, 팀워크가 좋은 선수의 기준이 될 수도 있다. 이러한 여러 가지 판단기준은 기본적으로 선수들의 과거 성적의 기록, 즉 스탯(stat)[5)]에 바탕을 두고 있다.

야구 선수들의 스탯은 크게 타자와 투수로 구분해 볼 수 있다. 일반적으로 좋은 타자라 함은 공격 공헌도가 높은 타자를 말하며, 타율이나 출루율 등의 공격력 지표가 높은 선수를 말한다. 마찬가지로 좋은 투수는 타자와의 싸움에서 이길 가능성이 높은 투수를 말하며, 방어율이나 WHIP[6] 등의 지표가 낮은 선수를 말한다. 이렇게 스탯으로 표현한 야구 선수들의 성적은 그 선수를 객관적으로 평가하는 데 적합한 자료가 된다. 주식으로 따지면, 성장률이 높아 투자자에게 높은 수익률을 가져다주는 종목도 좋은 종목이라고 할 수 있고, 부채비율이 낮고 안정적인 이익을 달성해 하락 위험이 낮은 종목도 좋은 주식이라고 할 수 있다. 이렇게 좋은 종목을 판단하는 기준은 여러 가지가 있을 수 있다. 하지만 그 바탕에는 재무제표를 포함한 데이터가 자리 잡고 있음을 명심해야 한다(재무제표에 대한 내용은 이 책의 '5회. 기록의 이해' 부분을 참조).

그렇다면 좋은 팀을 만들기 위해서는 타율과 출루율이 높은 타자, 방어율과 WHIP가 낮은 투수를 뽑으면 되는가? 꼭 그런 것은 아니다. 타율이 높지 않더라도 빠른 발을 가져 주루 플레이를 잘하는 선수, 또는 삼진을 많이 당해 타율이 낮지만 홈런을 많이 치는 선수들 모두 팀이 필요로 하는 타자들이고, 방어율이 낮지는 않지만 선발 투수로서 많은 이닝을 소화(이닝 이터)하는 투수는 그 자체로서 좋은 투수로 평가받을 수 있다. 이와 같이 특정 분야에 강점이 있어 충분히 좋은 선수가 될 수 있는 선수의 특성을 '스타일'이라고 부를 수 있다. 타자의 경우 공을 정확히 맞추는 능력이 좋은 교타자 스타일, 홈런을 포함한 장타를 잘 치는 슬러거 스타일 등으로 구분할 수 있고, 투수의 경우 선발, 중간계투, 마무리 투수 등으로 구분하거나 던지는 폼에 따라 오버핸드, 사이드암, 언더핸드, 좌완, 우완 등의 스타일로 구분할 수 있다. 이러한 스타일 분류는 주식 시장에서도 찾을 수 있는데, 가치주(value stock)와 성장주(growth stock)에 대한 구분 방법은 가장 대표적인 스타일 구분 방법이다. 그 밖에 시가총액 크기에 따라 대형주, 중형주, 소형주 등으로 구분하거나, 비즈니스 사이클의 특성에 따라 경기방어주, 경기민감주 등으로 구분하는 것도 스타일이다. 더 나아가 반도체·자동차·화학 업종으로 나누는 업종 분류, 태양광·헬스케어·대선 테마주 등의 테마주 분류도 일종의 스타일 구분으로 볼 수 있다.

이러한 관점에서 보면 좋은 주식을 추천해달라는 질문은 오해의 소지가 많은 위험한 질문이다. 질문하는 사람이 생각하는 좋은 주식과 대답하는 사람이 생각하는 좋은 주식의 정의가 서로 다를 수 있기 때문이다. 따라서 주식을 추천받고 싶은 투자자라면 자신이 생각하는 좋은 주식이 어떤 스타일을 갖고 있는지 명확하게 아는 것이 중요하다. 막연하게 좋은 주식을 추천해달라는 것보다 가치주 중에 투자할 만한 주식을 추천해달라는 질문이 오히려 자신에게 적합한 주식을 추천받을 수 있는 가능성이 높기 때문이다. 야구 감독도 막연하게 좋은 선수를 뽑겠다는 생각보다 팀이 필요로 하는 좋은 선수가 어떤 스타일을 가진 선수인지 파악해 스카우터에게 전달할 수 있는 능력을 길러야 한다. 좋은 감독이라면 "알아서 좋은 선수를 뽑아달라"고 하기보다 "작년 우리 팀의 장타율은 리그 최하위였다. 팀의 장타율 개선을 위해서도 홈런과 같은 장타를 칠 수 있는 슬러거 스타일의 선수를 구해달라"고 스카우터에게 요청할 수 있어야 한다. 물론 이렇게 구체적인 질문을 던지는 능력은 하루아침에 이루어지지 않는다.

선수들의 능력 외에 중요하게 생각해야 할 또 다른 기준은 선수들의 몸값이다. 아무리 좋은 성적을 거두는 선수라고 할지라도 그 선수에게 지불해야 하는 비용이 천문학적이면 그 팀은 제대로 운영될 수 없다. 구단의 효율적인 경영을 위해서도 선수 능력에 비해 몸값이 비싼 선수를 데리고 있는 것보다 같은 비용으로 더 좋은 선수를 영입하거나 저평가된 선수를 여러 명 영입하는 것이 효과적이다. 따라서 선수 영입을 결정하는 감독이나 구단 관계자들은 선수 능력과 몸값을 동시에 고려해야 한다. 마찬가지로 아무리 좋은 기업이라도 기업가치보다 비싸게 거래되는 주식을 사는 것은 좋은 전략이라고 할 수 없다. 투자의 대가 워런 버핏(Warren

Buffett)[7]이 말하는 투자의 중요한 원칙, 좋은 기업을 싸게 사서 비싸게 판다는 관점에서 볼 때 좋은 주식과 비싼 주식은 구분되어야 한다.

야구 선수의 몸값은 연봉, 이적료, 계약금 등으로 판단할 수 있다. 단, 야구 선수들의 몸값을 단지 연봉으로만 측정할 수 없는 특수한 사정이 있는데, 자유계약선수(FA)가 되기 이전의 연봉은 입단 연차 등의 이유로 선수의 적정 가치를 반영하지 못한다. 이러한 관점에서 볼 때 야구 선수의 가치를 가장 객관적으로 판단할 수 있는 기준은 구단 간의 선수 트레이드에서 오가는 이적료이다. 선수들의 이적이 활발한 축구와 달리 그동안 국내 야구계에서는 선수들의 이적 시장이 활성화되지 않아 이적료가 크게 부각되지 않았다. 하지만 류현진 선수가 LA 다저스에 약 2,500만 달러의 포스팅 비용을 받고 이적한 것으로 본다면, 국내 프로야구에서 이적료가 선수 몸값의 중요한 판단 기준이 되는 시기가 본격적으로 다가오고 있는 것 같다. 복잡한 야구 선수의 몸값과 달리 기업의 몸값, 즉 기업가치는 시가총액으로 쉽게 판단할 수 있으며, 시가총액을 주식 수로 나눈 주가는 주식 하나의 가치를 평가하는 기준이 된다.

● 선발 라인업 vs. 투자 포트폴리오

이렇게 서로 다른 스탯과 스타일의 선수들이 모여 하나의 팀을 이룬다. 하지만 모든 선수들이 경기에 출전할 수 있는 것은 아니다. 라인업(line-up) 또는 선발 오더라고 불리는 선수 명단은 여러 선수들 중 당장 오늘 경기에 출전할 선수들을 골라 배치시킨 것을 말한다. 이 명단은 라인업 종이 한 장에 적어 경기 전 상대 팀과 교환하는데, 이 종이 한 장에는 선발 투수와 함께 타자들의 타격 순서를 나타내는 타순과 수비 위치가 표시되고, 경기 흐름에 따라 교체할 수 있는 불펜 투수들과 야수들 명단이 기록된다. 어떻게 보면 간단하게 보일 수 있는 종이 한 장이지만, 이 라인업 한 장에는 경기 운영에 대한 감독의 많은 고민이 담겨 있다.

선발 투수 로테이션에 대한 고민, 테이블세터와 클린업 등을 고려한 타순에 대한 고민, 투수들의 체력과 상대방 타자들을 고려한 불펜 운영에 대한 고민, 더 나아가 1군 경험을 위해 2군에서 올린 유망주들에 대한 고민들이 종합적으로 녹아 있다. 다시 말해 라인업은 팀의 승리를 이끌고자 60~100명의 선수들 중에서 추린 26명의 1군 선수들과 그중에서 당장 선발로 출전할 10명에 대한 감독의 출사표, 즉 포트폴리오라고 할 수 있다.

투자자가 구성하는 투자 포트폴리오도 감독의 라인업과 같은 관점에서 볼 수 있다. 국내 주식에 투자하는 투자자가 해야 하는 일은 1,800여 개의 상장 주식 중에 보유할 몇 종목을 추려 포트폴리오를 구성하는 일로 요약할 수 있다. 이 일을 위해 투자자 역시 야구 감독이 선수 선발을 고민하는 것처럼 어떤 주식을 포트폴리오에 담아야 할지 고민하고 결정해야 한다. 투자 포트폴리오가 라인업과 한 가지 다른 점이 있다면, 라인업에 올릴 수 있는 최대 선수 숫자에는 제한이 있지만 투자 포트폴리오에 넣을 수 있는 주식의 개수에는 제한이 없다는 것이다. 주식투자 포트폴리오의 경우 한 종목에만 몰아서 투자할 수도 있고, 100여 개 이상의 종목에도 투자할 수도 있다.[8] 따라서 몇 종목을 포트폴리오에 담을지에 대한 결정도 추가로 필요하다. 일반적으로 종목 수가 적으면 비체계적 위험이 커지고, 종목 수가 많아지면 관리하기 어려운 단점이 있기 때문에 그 단점들을 절충할 수 있는 수준에서 적정한 투자 종목 수를 정한다. 개인투자자의 경우 10~20개 종목에 분산 투자할 경우 관리 비용이 많이 들지 않으면서도 비체계적 위험을 적절히 감소시킬 수 있는 것으로 알려져 있다.[9] 만약 투자금액이 크지 않으면 5~10개의 종목으로 포트폴리오를 구성하는 것도 괜찮다.

●감독과 코치 vs. 포트폴리오 매니저

남자라면 꼭 해봐야 하는 매력적인 3가지 직업이 있다. 오케스트라 지휘자, 해군 함장, 야구 감독이 그것이다.[10] 모두 강력한 리더십을 필요로 하는 직업이라는 점에서 다른 리더와 비슷하지만, 해당 분야의 전문가들을 통솔하는 리더라는 점에서 다른 분야에 비해 높은 통찰력과 조직 구성원들 간의 갈등 조정 능력이 무엇보다 중요하다. 이런 특성 때문일까? 다른 스포츠 감독을 코치(coach)라고 부르는 것과 달리 야구감독은 영어로 매니저(manager)라고 한다.[11] 기술적인 면을 강조하는 코치의 성격보다 팀 전체를 꾸려가는 운영 능력의 역량이 야구 감독에게 요구되기 때문이다. 이러한 차이는 축구 감독과 비교해보면 더욱 확실하게 나타난다. 연속적인 플레이가 이어지는 축구 경기에서 감독이 할 수 있는 역할은 총 3명의 교체 선수를 활용하거나 하프 타임과 주장을 통한 작전 지시에 국한된 반면, 야구 감독은 투수가 던지는 공 하나하나부터 타자들의 타격 여부, 그리고 세밀한 작전 지시까지 경기장에서 일어나는 거의 모든 일에 대해 지시를 내릴 수 있다. 포수와 1, 3루 코치가 중요한 상황마다 감독의 사인을 보느라 분주한 이유이기도 하다.

이러한 야구 감독은 포트폴리오 매니저의 역할과 같다. 선수들을 라인업에 넣어 경기를 운영하는 야구 감독의 역할이 주식을 포트폴리오에 담아 운용하는 포트폴리오 매니저의 역할과 같기 때문이다. 필요한 능력 역시 비슷하다. 좋은 야구 감독과 포트폴리오 매니저가 되기 위해서는 미래를 예측할 수 있는 통찰력, 선수들과 투자 종목들을 합리적으로 배분할 수 있는 균형 감각뿐만 아니라, 확률과 통계에 기반을 둔 사고를 할 수 있어야 한다. 안타깝게도 결과에 책임지는 감독과 매니저의 운명 또한 흡사하다. 선발 선수나 교체 선수가 큰 활약을 할 경우 천재적인 용병술로 칭송을 받지만 그렇지 않을 경우 결과에 책임을 져야 한다. 매니저 역시 포트폴리오에 담은 주식이 오르면 보너스를 기대할 수 있지만 그렇지 않으면 회사에서 쫓겨나는 상황까지 각오해야 한다. 이러한 부담감 때문에 야구 감독과 포트폴리오 매니저는 화려하면서도 외로운 운명을 받아들일 줄 아는 사람이 오래 할 수 있는 직업이다.

● 전력분석원 vs. 애널리스트

감독과 포트폴리오 매니저가 야구팀 운영과 투자 포트폴리오 운용에 대한 결정을 내린다고 한다면, 그들이 합리적인 결정을 내리도록 도와주는 분석 전문가들을 야구에서는 전력분석원, 주식시장의 경우 애널리스트라고 한다.

야구에서 전력분석원이 본격적으로 조명받기 시작한 시기는 생각보다 오래되지 않았는데, 미국에서도 빠르면 1990년대, 국내에서는 2000년대 후반으로 거슬러 올라간다. 국내 야구의 경우 전력분석원을 이용해 데이터 야구를 적극적으로 실전에 적용시켜 SK 와이번스를 총 세 번의 우승(2007, 2008, 2010년)과 한 번의 준우승(2009년)을 시킨 김성근 감독이 유명하다. 김성근 감독이 추구했던 데이터 야구를 실전에 잘 구현하기 위해서는 정보 수집과 과학적인 분석 능력이 필수적인데, 김성근 감독이 운영했던 전력분석원들의 능력은 당시 다른 구단과는 차원이 다를 정도로 전문적이었다는 평을 듣고 있다.

전력분석원의 짧은 역사와 달리 주식을 분석하는 애널리스트라는 직업은 주식 시장의 시작과 함께할 정도로 오래된 역사를 갖고 있다. 주식투자라는 것이 많은 정보를 바탕으로 기업의 미래에 대한 정확한 분석과 예측이 필요한 일이기 때문에 주식을 사고팔려는 투자자들은 적정 주가를 객관적으로 판단해줄 전문가를 필요로 했다. 이와 같은 기업에 대한 분석과 주가를 예측하는 전문가들을 애널리스트라고 하며, 이들은 다양한 분석을 토대로 매수, 중립, 매도 등의 투자의견과 '삼성전자 적정주가 150만 원'이라는 목표주가의 형태로 자신의 의견을 제시한다.

그렇다면 좋은 애널리스트는 어떤 사람인가? 이 질문에 대해 개인투자자와 기관투자자들은 다소 큰 시각 차이를 가지고 있다. 필자의 경험에 따르면 개인투자자들은 목표주가를 잘 맞히는 애널리스트를 좋아하는 반면, 기관투자자는 해당 주식에 대한 투자 논리를 합리적으로 제시할 수 있는 애널리스트를 선호한다. 야구에 비유하자면 개인투자자들은 넥센 히어로즈의 박병호 선수가 이번 타석에 홈런을 칠 수 있을지 없을지를 예측하는 전력분석원을 좋아하는 반면, 기관투자자들은 박병호 선수가 어떤 공에서 홈런을 많이 쳤고 홈런을 안 맞기 위해서는 어떤 공을 던져야 하는지를 제시할 수 있는 전력분석원을 높게 평가한다고 보면 된다.

그렇다면 개인투자자와 기관투자자의 시각 차이는 어디서 발생하는가? 기관투자자도 개인투자자와 같이 높은 수익률을 올리는 것이 목적이라면 박병호 선수의 장단점을 복잡하게 분석하는 전력분석원보다 이번 타석에서 홈런을 칠 수 있는지 없는지를 정확히 예측할 수 있는 전력분석원의 의견을 들으면 될 것이다. 하지만 야구를 오랫동안 본 합리적인 야구팬이라면 타자들의 타석마다 어떤 결과가 나올지 정확히 예측할 수 있는 전문가가 없다는 것을 잘 알 것이다. 마찬가지로 투자 경험이 많은 기관의 포트폴리오 매니저들은 주가를 계속해서 맞힐 수 있는 애널리스트가 없다는 사실을 잘 알고 있다. 따라서 단 한 번의 투자가 아니라 장기적으로 꾸준한 수익률을 달성하고자 하는 포트폴리오 매니저들은 애널리스트가 제시하는 목표주가보다 그들이 제시하는 투자 아이디어와 투자 논리 등과 같은 종합적인 분석 능력을 높이 평가한다. 따라서 '이번 타석에서 박병호 선수가 홈런을 친다'라는 전문가(또는 사기꾼)의 확신에 찬 의견보다 '박병호 선수에게 높은 공을 던지면 홈런 맞을 가능성이 높기 때문에 낮게 던져야 한다'라는 분석이 경기를 지휘하는 야구 전문가들에게 실질적으로 필요한 정보이다.

우수한 전력분석원과 애널리스트는 팀과 투자에 큰 도움이 되는 무형자산이다. 한 가지 명심할 것은 이들의 분석 결과를 활용하는 것은 결국 감독과 포트폴리오 매니저라는 것이다. 어떤 전력분석원과 애널리스트가 우수한지를 판단하는 것도, 그리고 그들이 분석한 경기 전략과 투자 전략을 자신의 것으로 만들어 실제로 적용하는 것은 결국 감독과 포트폴리오 매니저의 역량이다.

● 프런트 vs. 자산운용사 경영진

각 프로야구 구단에는 프런트라고 불리는 경영관리조직이 있다. 이 조직은 마케팅을 비롯한 각종 경기 일정, 선수 관리 등을 맡는 부서로, 감독이 경기 안에서 일어나는 일들을 책임진다면 프런트는 경기장 밖에서 일어나는 모든 일들을 책임진다고 보면 된다. 우수한 프런트는 효율적인 마케팅과 구단 관리로 입장 수입과 광고 수입 등을 극대화하여 구단의 수입 창출에 기여할 뿐만 아니라, 선수들의 연습 스케줄과 전지훈련 일정 등을 효과적으로 관리하여 감독과 선수들이 경기에만 집중할 수 있는 환경을 조성해 준다. 이러한 프런트의 전폭적인 지원을 받는 팀은 감독과 선수들이 자신의 모든 에너지를 경기에 쏟을 수 있어 성적 향상으로 이어지는 경우가 많다.

좋은 구단은 감독과 프런트가 자신이 맡은 자리에서 최선을 다할 때 만들어진다. 하지만 언제부터인가 야구계에는 프런트와 현장 간의 갈등을 다룬 기사가 심심치 않게 나오기 시작했다. 특히 2013년 한국시리즈 준우승을 이끈 김진욱 감독을 경질시킨 두산 베어스의 전격적인 결정은 최근에 일어난 가장 대표적인 감독과 프런트의 갈등이다. 이러한 갈등의 상당수는 프런트가 감독의 고유 권한에 간섭하면서 일어나는 경우가 많은데, 여기에는 코치 선임에 대한 간섭, 또는 특정 선수에 대한 출전 압박 등이 포함된다. 이러한 간섭들은 재벌그룹이 운영하는 국내 대다수 프로야구 구단의 특성에서 찾을 수 있다. 과거 프로야구 구단 경영진들은 재벌 내 계열사 임원들이 승진을 위해 거쳐가는 경우가 많았는데, 이 경우 구단주에게 잘 보이기 위해 구단 내 조직력을 장악하고자 하는 구단 경영진들의 과도한 영향력 확대가 감독 길들이기로 이어지는 경우가 많았다. 이 때문에 여러 감독들이 자의를 전면에 앞세운 타의로 중간에 옷을 벗었다. 하지만 프런트와 현장 간의 갈등이 많은 구단치고 성적이 좋은 구단을 찾아보기 어렵다. 국가를 지탱하는 삼권의 독립성을 유지하는 국가가 진정한 선진국이듯, 현장의 독립성이 확보되는 구단은 장기적으로 안정적인 팀 전력을 유지할 수 있다.

각 분야 전문가들의 독립성 보장은 포트폴리오 매니저가 소속된 자산운용사의 장기적 성과와 밀접한 관계가 있다. 포트폴리오 매니저는 고객에게 적합한 투자를 결정하는 하나의 독립된 의사결정 주체인데, 오랫동안 우수한 수익률을 올려왔던 세계 유수의 자산운용사들은 각 포트폴리오 매니저의 독립성을 충분히 보장해주는 문화가 형성되어 있다. 대신 사장을 비롯한 운용사 경영진은 각 포트폴리오 매니저에게 할당되는 운용 규모, 위험 한도 등을 관리할 수 있는 효율적인 인프라를 구축하여 그 안에서 각 매니저들이 합리적인 투자 결정을 할 수 있는 환경을 마련해 주는 것에 집중한다. 이와 반대로 실패하는 많은 운용사들은 경영진이 포트폴리오 매니저들의 투자 결정에 세부적으로 간섭하면서 시작된다. 이런 점에서 매니저의 이직률이 높은 운용사의 경우 매니저의 독립성을 충분히 보장해주지 않을 가능성이 높다.

개인투자자의 경우 자신의 돈을 직접 운용하는 것이기 때문에 본인이 감독이자 프런트이다. 따라서 여기서 염려하는 감독과 프런트의 독립성 유지는 개인투자자에게 해당이 되지 않는다. 하지만 펀드 형태로 돈을 맡기는 투자자에게는 믿을 수 있는 좋은 운용사 선정이 중요하다. 감독과 프런트의 관계를 통해 포트폴리오 매니저의 독립성이 보장되는 운용사를 선택할 수 있는 판단력이 간접투자자에게 가장 필요한 안목이다(자세한 내용은 '9회 좋은 감독 찾기' 부분 참고).

● 미디어 및 데이터 서비스

야구가 인기 스포츠로 자리 잡은 미국, 일본, 우리나라에서 야구는 이미 스포츠를 넘어 하나의 거대한 산업이 되었다. 야구 경기에 직접 참여하는 선수, 코치, 감독들뿐만 아니라 야구를 통해 생계를 이어가는 사람들이 많아졌다는 뜻이다. 많은 관중이 경기장을 찾아오면서 경기장 내외에서 음식을 파는 상인들, 온라인으로 티켓, 유니폼 등을 파는 회사들의 매출액도 상당하다. 특히 야구를 통해 끊임없이 생산되는 경기중계와 뉴스들은 각종 인터넷 포털 사이트와 스포츠 신문, 그리고 경기를 중계하는 케이블 방송의 주요 미디어 콘텐츠이고, 야구의 인기가 높아지면서 야구와 연관된 광고 산업의 규모도 폭발적으로 성장하고 있다.

야구 경기의 독특한 규칙과 스케줄은 미디어 시장에 유리하다. 우선 광고 시장 관점에서 본다면, 매회 공격과 수비 전환 시 1분 30초간의 광고 시간이 최소한 16번은 확보되어 있다. 거기에 투수 교체까지 감안하면 집중도 높은 양질의 광고 시간을 확보할 수 있다. 45분 경기를 보고 15분간 화장실 가느라 TV 앞을 잠시 떠나 있는 축구와 비교하면 야구는 다른 스포츠에 비해 광고 친화적인 스포츠이다. 더구나 일주일에 하루 빼고 경기를 하는 스케줄 때문에 미디어에서 다룰 만한 콘텐츠를 지속적으로 제공해준다. 매일 9개 구단이 펼치는 경기에서 일어나는 일들은 스포츠면 1, 2면의 단골 기사가 될 뿐만 아니라 스포츠 신문의 1/3을 채울 만큼 풍부하다.

한편 IT 기술이 발전하면서 양질의 콘텐츠를 생산하기 위한 전문 데이터 서비스 업체들의 활약에도 주목해볼 필요가 있다. 야구 중계를 보다 보면, 선수들의 과거 기록뿐만 아니라 어떤 타자가 주자 만루 상황에서 몇 타수 몇 안타를 쳤다는 기록을 중계 화면에서 볼 수 있다. 이러한 서비스는 오랫동안 축적된 야구기록 데이터베이스를 이용한 데이터 가공 서비스의 대표적인 예이다. 최근에는 각종 카메라 기술의 발전으로 투수들의 3차원 투구 궤적 등의 데이터들을 분석하기도 하며, 초고속 카메라를 통해 찰나의 장면을 포착하기도 한다.

이렇게 야구를 둘러싼 다양한 서비스 산업들이 발달하는 것처럼, 주식 시장에도 투자를 위한 다양한 서비스를 제공하는 회사들이 많다. 대표적으로 각종 투자 관련 정보들을 전해주는 경제전문 뉴스채널을 꼽을 수 있다. 블룸버그(Bloomberg), 로이터(Reuters), CNBC 등의 국제 미디어 채널을 비롯하여 MBN, 토마토TV 등 국내 경제전문 채널이 투자와 관련된 각종 콘텐츠를 방송하고 있다. 주식 시장이 만약 일주일에 하루나 이틀만 거래되는 시스템이었다면, 이러한 채널들은 투자와 관련된 내용만으로 방송에 충분한 콘텐츠를 확보하기 어려웠을 것이다.

투자 분야의 축적된 데이터는 야구에 비해 훨씬 방대하고, 이 데이터의 가공 서비스와 분석에 대한 수요 역시 많다. 전 세계적으로 가장 대표적인 투자 관련 데이터 서비스 회사는 1981년 마이클 블룸버그(Michael Bloomberg)에 의해 설립된 블룸버그다.[12) 이 회사는 전 세계에 금융과 관련된 뉴스와 데이터들을 그들의 단말기를 통해 91개국 14만여 명의 고객에게 제공하고, 이를 통해 받는 수수료를 통해 금융시장의 등락에 상관없이 꾸준한 이익을 얻고 있다. 현재 이 회사의 지분을 88% 소유하고 있는 마이클 블룸버그는 2010년 개인 자산 180억 달러의 미국 여덟 번째 부자로 선정됐으며[13) 그 영향력을 발휘해 2002년부터 뉴욕 시장에 세 번 연속 당선되는 등 부와 권력 모두에서 성공한 대표적인 인물이다. 야구라는 스포츠의 성장이 야구를 지원하는 산업의 성장을 가져오는 것처럼, 투자 분야의 성장은 블룸버그와 같은 투자지원 서비스 회사의 성장도 가져다주었다.

주식투자를 한다는 것은 야구 감독이 된다는 것

지금까지 설명한 야구와 주식의 유사성을 살펴보면, 결국 주식투자를 한다는 것은 야구 감독이 되어 팀을 운영한다는 것으로 볼 수 있다. 그렇기 때문에 야구 감독의 시각으로 주식투자를 이해할 수 있어야 좋은 매니저가 될 수 있다.

좀처럼 주어지기 힘든 기회이지만 프로야구 감독에 선임되었다고 상상하고 주식투자를 돌아보자. 우선 감독에게 주어진 덕아웃의 가장 좋은 자리가 당신 자리라는 생각에 기분이 설레는 것처럼, 투자를 하기 위해 모아둔 계좌 잔고의 숫자에 힘이 솟을 것이다. 하지만 막상 감독이 되니 모든 것이 새롭고 두렵기도 하다. 감독이라는 권한의 이면에는 선수와 코치에게 지시해야 한다는 부담이 있는 것처럼, HTS를 통해 보이는 번쩍번쩍한 종목들의 주가들이 하한가로 들어가는 순간 투자로 설렜던 기분이 공포로 바뀔지도 모른다.

잠시 숨을 골라보자. 이제 막 감독이 된 독자들은 정규 시즌이 시작될 때까지 아직 시간이 남아 있으므로 지금 당장 성과를 내겠다고 서두를 필요가 없다. 본격적인 시즌이 시작되기 전까지 선수들과 팀을 파악할 시간은 충분하다. 스프링 캠프를 통해 팀에 부족한 부분을 보충하며 앞으로 맞이할 시즌 전략을 구체적으로 세우는 시간으로 활용할 수 있다. 마찬가지로 투자금을 모았다고 해서 당장 주식을 사고팔아야 한다는 조급함을 가질 필요는 없다. 본격적인 주식투자를 하기에 앞서 주식을 이해하고 투자할 가치가 있는 종목을 찾는 스프링 캠프 기간이 필요하다.

하지만 선수단 파악에 앞서 실제 야구판과 주식 시장이 어떻게 굴러가는지 이해하는 것이 우선시되어야 한다. 감독에게 주어진 권한과 책임이 어디까지인지 인식하는 것을 포함해, 감독이 선수 트레이드와 코치 임명에 어느 정도 개입할 수 있는지, 취재하러 나온 기자들과는 어떤 식으로 대응해야 하는지, 더 나아가 당신을 고용한 구단주는 어떤 성격의 사람인지 등을 이해해야 한다. 그래야만 경기 외적인 일로 실수를 저질러 감독으로서의 생명이 단축될 수 있는 가능성을 미연에 방지해, 야구라는 커다란 스포츠 산업에서 오랫동안 살아남을 수 있다. 주식투자도 마찬가지다. 주식과 포트폴리오가 무엇인지, 애널리스트와 포트폴리오 매니저의 역할이 어떻게 다른지, 증권사 분석 보고서와 증권 방송 내용의 차이가 무엇인지를 정확히 이해하고 있어야 주식 시장에서 겪을 수 있는 시행착오를 크게 줄일 수 있다. 초보 투자자로서 이런 시행착오를 줄일 수 있다는 것은 주식 시장에서 오래 살아남을 수 있고 나아가 성공적인 투자 가능성을 높일 수 있다는 뜻이다. 야구계를 이해하지 못하고 마음대로 팀을 운영하는 감독의 수명이 길지 못한 것처럼, 주식 시장을 이해하지 못하는 투자자는 단기간에 큰 손해를 보고 주식 시장을 떠날 가능성이 높다. 그렇기 때문에 초보 감독과 초보 투자자가 야구 산업과 주식 시장을 둘러싼 구성요소들과 주변 환경들을 앞의 비교표를 참조해 충분히 이해해 두는 것을 추천한다.

마지막으로 필자는 이 책 전체를 통해서 야구 감독의 역할을 계속 강조할 것이다. 주식투자에 어려움을 겪을 때마다 선수들을 라인업에 넣어 경기를 운영하는 야구 감독의 입장에서 생각할 수 있는 훈련이 되어 있다면, 투자자들에게 닥친 문제들을 해결할 수 있는 실마리를 비교적 쉽게 찾을 수 있을 것이다. 앞으로 설명할 다양한 사례들을 통해 독자들 스스로 야구 감독의 시각으로 주식투자를 바라볼 수 있는 훈련의 시발점이 되길 바란다.

이닝 종료

국내 프로야구와 주식 시장의 높아진 국제적 위상

2007년부터 인기가 폭발적으로 증가한 프로야구는 2012년 700만 관중을 돌파하며 국내 프로 스포츠 가운데 가장 인기 높은 종목이라는 것을 입증했다. 한국 야구의 발전은 비단 프로경기의 관중 증가에만 그치지 않는다. WBC 준우승과 베이징올림픽 금메달 등 크나큰 국제 경기에서 우수한 성적을 올리면서, 그동안 야구 강국으로 평가되었던 미국, 일본, 쿠바의 야구 수준과 비교했을 때 큰 기량 차이가 없거나 더 나은 모습을 보여주고 있다.

이러한 야구 국가대표의 활약과 더불어 〈천하무적 야구단〉이라는 예능 프로그램은 사회인 야구의 저변 확대도 이루었다. 필자도 이 무렵에 천하무적 야구단에 자극되어 사회인 야구팀을 만들었다. 국민생활체육 전국야구연합회에 따르면 2011년 5월 기준 약 5,600개의 야구팀이 등록되어 있는 것으로 파악되고 있으며, 이 중 과거 실업야구 수준의 1부 리그에는 약 500개 팀이, 팀별로 선수출신 3명 이내가 참여할 수 있는 2부 리그에는 2,000여 개 팀, 나머지는 비(非) 선수 출신이 참여하는 3부 리그라고 할 수 있다.[14] 일본에 최대 2만여 개의 사회인 야구팀이 있는 것을 고려하면 국내 사회인 야구의 규모는 작은 실정이지만, 최근 증가세를 고려하면 국내 사회인 야구붐은 쉽게 사그라질 것 같지 않다.

한국 야구의 성장과 같이 국내 주식 시장의 국제적 위상도 높아지고 있다. 코스피와 코스닥 시장을 합한 국내 주식 시장의 시가총액은 약 1,200조 원 규모로, 전 세계 주식 시가총액의 2.0%에 해당하는 수치다. 순위로는 12번째로 큰 시장에 해당한다(1위 미국 시장, 전 세계 시가총액의 35% 차지).[15] 세계적으로 가장 유명한 인덱스 산정 기관인 MSCI는 지금 한국 시장을 신흥국가로 구분하고 있는데, 그 배경에는 한국 주식 시장의 규모나 질적인 측면에서 이미 선진국 시장이라 분류할 수 있음에도 불구하고 기존 신흥국가 지수에서 한국이 차지하는 비중이 너무 커서 쉽게 선진국 지수에 편입되기 어렵다는 불편한 진실도 작용하고 있다. 한국 주식 시장의 빠른 성장성을 보여주는 대표적인 예라고 할 수 있다.

이렇게 높아져가는 한국 야구와 주식 시장의 국제적 위상만큼, 국내 야구팬들과 주식투자자들은 그들이 즐기고 투자하는 한국 야구와 주식 시장에 대해 자부심을 가져도 될 것이다.

1) J. C. 브래드버리 저·정우영 역, 《괴짜 야구 경제학》, (한스미디어, 2011)

2) 시장 전체를 분석하는 애널리스트를 투자전략 애널리스트, 또는 스트래터지스트(strategist)라고 한다.

3) 국내 영화나 드라마에서는 펀드매니저라는 용어가 많이 쓰이지만, 펀드매니저의 정확한 명칭은 포트폴리오 매니저(PM, Portfolio Manager)이다.

4) 사회인 야구 경기는 일반적으로 7회와 2시간 경기 중 일찍 끝나는 기준으로 경기가 마감된다. 프로야구 경기에 비해 4사구의 비중이 많아 2시간 안에 7회까지 가능한 경우는 드물며, 평균적으로 5회 정도에서 2시간 경기가 마감된다.

5) 스탯(stat): 통계를 뜻하는 'statistics'의 약자로 선수들의 기록을 의미하는 야구 용어이다.

6) WHIP(Walk Plus Hits Divided by Inning Pitched): 이닝당 출루허용. WHIP가 1.0이라면 매 이닝당 평균 1타자씩 볼넷 또는 안타로 출루시킨다는 것을 의미하는 것으로, WHIP가 낮을수록 좋은 투수라고 할 수 있다.

7) 워렌 버핏(Warren Buffett): 뛰어난 투자와 기부활동으로 '오마하의 현인'이라고 불리는 미국의 유명한 투자가이다. 〈포브스(*Fobes*)〉지가 선정한 2010년 세계 3번째 부자로 뽑히기도 했다(빌 게이츠 2위).

8) 벤치마크를 추적해야 하는 인덱스 펀드의 경우에는 200여 개에 가까운 종목을 보유하기도 한다.

9) 적절한 주식 투자 종목 개수는 투자자의 위험 회피 성향과 투자 종목들 간의 유사성, 그리고 다른 투자 자산을 종합적으로 고려해야 하는 복잡한 작업이다. 여기에 제시된 종목 개수는 일반적인 권고 개수이다.

10) 〈스포츠서울〉, 2012. 6. 28, 배우근, "[백스톱] 남자라면 야구감독, 그러나 스트레스에 파리목숨"

11) 〈파이낸셜 뉴스〉, 2013. 4. 29, 성일만, "야구 감독은 팀 관리하는 매니저다"

12) 마이클 블룸버그가 1981년 살로먼 브러더스(Salomon Brothers)에서 해고된 뒤 설립한 이 회사는 각종 금융정보를 계량분석하여 제공하는 서비스를 시작하여 종전까지 미국의 증권회사들이 수작업으로 해오던 금융분석을 컴퓨터 시스템의 전용 단말기와 회선을 통하여 전달하는 방식으로 제공하여 금융전문가들에게 블룸버그 데이터는 가장 신뢰받는 데이터 제공업체의 대명사가 되었다.

13) 〈Forbes〉, 2008. 9. 17, "The 400 Richest Americans: #8 Michael Bloomberg"

14) 〈한국일보〉, 2011. 6. 1, 성환희, "사회인야구 규모와 현황은…"

15) 세계 거래소 연맹, 2013년 3월

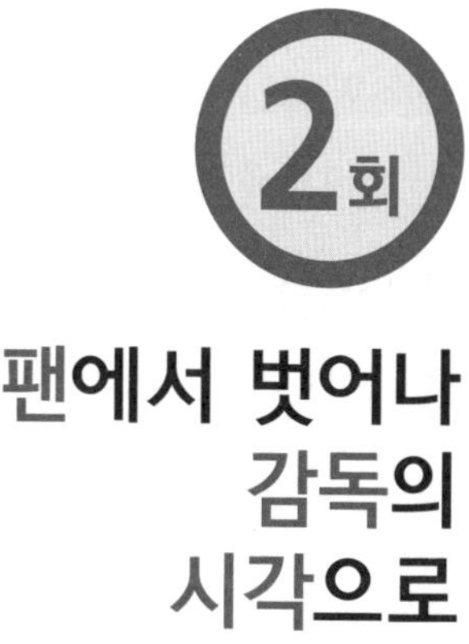

2회 팬에서 벗어나 감독의 시각으로

What would Brian Boitano do if he was here right now?

브라이언 보이타노가 지금 여기에 있다면 어떻게 했을까?

He'd make a plan and he'd follow through!

그는 계획을 세우고 그걸 따르겠지!

That's what Brian Boitano'd do.

그게 브라이언 보이타노가 할 일이니까

영화 〈사우스파크〉에 삽입된 '브라이언 보이타노라면 어떻게 했을까(What would Brian Boitano Do)?'라는 노래 가사 일부분이다. 어려움에 처해 있어 어쩔 줄 몰라 하는 어린이들이 그들의 올림픽 영웅인 브라이언 보이타노라면 이 어려움을 어떻게 해결할까라는 질문을 스스로에게 던지고 있다. 브라이언 보이타노라는 제3자의 시각으로 자신들의 어려움을 살펴봄으로써 그들이 미쳐 생각하지 못한 해결책을 찾으려는 어린이들의 마음이 잘 묻어나는 노래이다(실제로 영화 속의 어린이는 순진하지는 않다).

이 책의 주요 독자인 개인투자자들은 그동안 많은 어려움을 겪어 왔다. 그것이 무지(無知)에서 비롯된 것일 수도 있지만, 상당부분은 투자자들의 마음가짐에서 시작되었을 가능성이 높다. 따라서 포트폴리오 매니저의 역할이 감독과 같다는 필자의 견해에 동의한다면, 투자에 어려움을 겪을 때마다 스스로에게 '내가 야구 감독이라면?'이라는 질문을 던져보자. 그 어느 때보다 문제해결의 실마리를 찾을 가능성이 높을 것이다. 감독의 눈으로 주식투자의 세계를 볼 수 있는 '감독의 마인드'를 가진 투자자, 이 책에서 지향하는 투자자의 모습이다. 이 경우 위 노래 가사는 아래처럼 바뀔 것이다.

만약 내가 야구 감독이라면 어떻게 할까?

최근 부진한 베테랑보다는 타격감이 좋은 신인을 넣었을 거야.

떨어지는 우량주를 팔고 주가가 오르는 코스닥 종목을 사는 것과 마찬가지지.

실패하더라도 어쩔 수 없어. 책임지는 것 또한 감독의 운명이니까.

하지만 난 그걸 감수하고 내 믿음대로 가겠어. 그게 감독이 할 일이니까.

훈수 잘 둔다고 게임을 잘하는 것은 아니다

"거봐, 내가 뭐랬어. 그렇게 하지 말랬지? 내 말을 들었어야지."

어르신들이 모여 장기를 두던 동네 어귀에서 심심치 않게 들리는 말이다. 아마도 어떤 어르신께서 훈수를 두셨는데 그 말을 듣지 않고 장기 말을 옮겼다가 큰 낭패를 보았나보다. 그런데 평소와 달리 웅성거리는 소리가 이어지는 것이 심상치 않은 분위기다. 아마 훈수 두신 어르신과 장기에서 지신 어르신 사이에 고성이 이어지는 것 같다.

어르신들의 장기뿐만 아니라 사회를 구성하는 각 분야마다 이렇게 훈수를 두는 사람들이 있기 마련이다. 훈수는 당사자가 생각하지 못한 관점을 제시해 균형 잡힌 시각을 갖게 해주는 긍정적인 효과가 있다. 하지만 훈수를 둔 사람이 그 결과에 대해 당사자를 비꼬기 시작하면 위 어르신들과 같이 좋지 않게 끝나는 경우가 대부분이다. '훈수'라는 단어에 '조언' 또는 '충고(advice)'와 같은 긍정적인 어감보다 참견이라는 느낌이 드는 이유는 아마 훈수 때문에 벌어지는 어르신들의 장기판 싸움을 자주 목격해왔기 때문이 아닐까?

과도한 참견이라는 관점에서 훈수를 이야기할 때 야구를 빼놓으면 섭섭하다. 사실 따지고 보면 야구는 거대한 훈수 경연장이다. 야구팬들은 선수들의 플레이 하나하나, 감독이 내놓는 작전 하나하나마다 다양한 훈수를 쏟아낸다. '지금은 직구를 노렸어야지!', '아니, 지금 이 상황에서는 번트를 대야 하는 거 아닌가?' 이처럼 야구에 대한 수많은 훈수들은 야구 경기장에서뿐만 아니라 인터넷 사이트의 댓글 등을 통해 다양하게 분출된다. 이러한 댓글을 유심히 살펴보면 보통 몇 가지 패턴을 가지고 이어진다. 가장 눈에 띄는 댓글은 주로 결과가 좋지 못한 작전을 비판하는 것이다.

'이렇게 중요한 시점에서 상대방이 좌투수인데 왜 우타자를 대타로 내지 않는가?'

'선발 투수의 투구수가 아직 여유가 있었는데 굳이 한 타임 빠르게 바꿨어야 했나?'

'시즌타율이 2할밖에 안 되는 타자를 이렇게 중요한 순간에 대타로 냈어야 했나?'

야구를 잘 모르는 사람들이 들으면 이런 지적을 하는 사람들이 전문가처럼 보이기 쉽다. 더 나아가, 차라리 이 사람에게 감독을 시키는 것이 팀 성적을 위해서도 좋을 것이라는 생각이 들기도 한다. 하지만 이런 지적들을 자세히 살펴보면, 대부분 결과를 보고 사후적으로 판단하는 경우가 많다.

우선 우(右)타자 교체에 대한 첫 번째 지적을 살펴보자. 일반적으로 좌(左)타자는 우투수에 강하고 우타자는 좌투수에 강하다는 사실은 야구계에 널리 알려져 있는 상식이다. 타자의 경우 자신과 다른 손으로 던지는 투수의 공을 볼 때 좀 더 유리한 각도에서 오랫동안 공을 볼 수 있기 때문이다. 따라서 중요한 상황에서 좌투수를 상대하는 공격팀 감독은 우타자를 대타로 기용하는 작전을 사용한다. 하지만 이 원리가 모든 타자에게 적용되는 것은 아니다. 어떤 타자들은 이 단점을 극복하기 위해 그동안 부단히 노력했을 수도 있고, 경우에 따라서는 좌투수에 강한 좌투자, 우투수에 강한 우투자가 있을 수도 있기 때문이다.

가장 대표적인 사례는 베이징 올림픽 때 김현수 선수의 대타 작전이다. 일본과 2:2로 팽팽했던 9회 초, 당시 대표팀 감독이었던 김경문 감독은 일본팀 좌투수가 마운드에 올라와 있음에도 불구하고 좌타자인 김현수 선수를 대타로 기용했다. 그 당시 대부분의 중계 방송과 일본 코칭 스태프는 좌투수에 좌타자를 대타로 낸 김경문 감독의 작전을 의아하게 생각했다. 하지만 김경문 감독은 투수와 타자에 대한 일반적인 상식에서 벗어나 좌투수, 우투수에 관계없이 콘택트 능력이 뛰어난 김현수 선수의 능력을 믿었다. 다행히도 김현수 선수는 안타를 쳤고, 2:2로 팽팽하게 이어졌던 일본과의 승부를 역전시켰다. 만약 김현수 선수의 대타 기용이 실패로 끝났다면 어떻게 되었을까? 아마도 좌투수인 점을 고려하지 않고 좌타자를 대타로 낸 김경문 감독의 결정에 엄청난 비난을 쏟아냈을 것이다.

그 반대의 경우를 살펴보자. 2012년과 2013년 2년 연속 MVP를 차지한 박병호 선수는 2011년 넥센 히어로즈로 이적하기 전인 LG 트윈스 시절에는 주로 좌투수 전용 대타로 기용됐다. 우타자는 좌투수에 강하다는 기존 이론을 따랐던 코칭 스태프는 우타자인 박병호 선수를 좌투수 상대로만 기용했기 때문이다. 하지만 박병호 선수는 자신이 우타자임에도 우투수에 강하다는 사실을 팀을 옮기면서 깨달았다. 넥센 히어로즈에서 4번 타자로 꾸준히 출전할 수 있게 되면서 좌투수와 우투수의 공을 고르게 상대하면서 발견한 사실이었다. 만약 박병호 선수가 LG 시절에 꾸준히 출전할 수 있었던 기회가 주어졌다면 자신의 잠재된 능력을 조금 훨씬 더 일찍 발견할 수 있었을지도 모른다.

투구수에 대한 팬들의 지적도 살펴보자. 투수 교체를 한 타임 빨리해 좋은 결과로 이어진다면 다음 날 '한 박자 빠른 투수 교체 타이밍, 승리를 이끌다'라는 기사가 올라올 것이다. 하지만 실패할 경우 '융통성 없이 투구수를 지키고자 하는 감독의 고집으로 패배'라는 비판기사가 스포츠 신문 1면을 장식할 가능성이 높다. 타율이 낮은 타자를 대타로 기용하는 경우도 마찬가지다. 대타 작전이 성공하면 그날의 타격감을 정확하게 파악하고 실전에 적용한 감독의 능력을, 실패하면 괜한 모험을 걸었다가 실패한 패장의 멍에를 뒤집어쓰게 된다.

안타깝게도 남들에 대한 칭찬에 인색한 사람들의 일반적인 성향을 볼 때, 이러한 지적들은 칭찬보다 비난에 과도하게 치우친 경우가 많다. 또한 예측에 기반을 둔 훈수라기보다 결과론에 입각한 사후적인 비난인 경우가 대부분이다. 다시 말해 독자 주변의 누군가가 선수들의 플레이와 감독의 작전에 대해 전문가적인 식견을 가진 것처럼 비판을 하더라도, 그 비판은 실제 감독이 팀을 운영하는 데 도움이 되는 예측력 있는 조언으로서의 가치를 가지기보다는 호사가(好事家)들이 즐기는 사후적인 뒷담화가 될 가능성이 높다는 의미이다.

말로 비판은 많이 하지만 막상 실전에서는 도움이 되지 않는 이런 경우를 시사용어로 NATO(No Action Talking Only)라고 한다. 역사가로서의 학식과 실제 역사를 만들어가는 정치인의 자질이 다르고, 경영학 교수가 될 수 있는 능력과 실제 회사를 운영하는 경영자로서의 능력이 다르다는 것을 안다면, 경기장 밖에서 야구팬으로서 큰 부담 없이 선수와 감독을 비판하는 것과 실제 책임을 지고 자신에게 주어진 플레이를 수행하는 선수, 그리고 플레이를 지시하는 감독의 역량은 분명히 다르다는 것도 인정해야 한다. 필자가 사회인 야구 감독을 하면서 가장 달라진 점은 더 이상 선수들의 플레이와 감독의 작전들에 대해 쉽게 비판을 하지 않게 되었다는 것이다. 이 변화는 야구 선수로 뛰면서 저지르는 많은 에러에 좌절하고 감독의 역할을 맡으며 많은 시행착오를 겪으면서 쌓인 경험의 결과이기도 하다. 경기장 밖에서 훈수를 두듯이 툭툭 던지는 의견과 경기장 안의 당사자로서 겪는 고민의 방향은 다를 수밖에 없다.

따라서 이제 막 야구팀을 맡은 초보 감독이 가장 먼저 바꿔야 할 자세는 경기장 밖에서 야구팬으로 보았던 시각에서 탈피해 경기장 안에서 책임을 가지고 야구를 볼 수 있는 시각을 가져야 한다는 것이다. 이제 투자를 시작한 매니저도 마찬가지다. 비판 일

색인 기사들과 인터넷 상에서 돌아다니는 가십거리 조언보다 실제로 결정하고 책임지는 진정한 투자자의 자세를 갖는 것이 우선이다.

무엇이 진정한 실패인가? - 실패의 재정의

성적이 떨어졌을 경우 구단과 팬들에게 동네북처럼 취급받는 감독의 모습은 주가의 등락에 따라 펀드를 가입한 투자자로부터 욕을 먹는 포트폴리오 매니저의 모습과 비슷하다. 일단 투자자들은 펀드의 수익률이 마이너스를 기록하면 매니저에 대해 신랄한 비난을 퍼붓는다. 매니저가 벤치마크보다 높은 수익률을 기록하거나 다른 펀드들에 비해 좋은 수익률을 냈더라도 수익률이 마이너스라면 비난을 피해가기 쉽지 않다. 오랫동안 손해를 보다가 플러스 수익률이 될 경우는 어떤가? 애초에 손해를 보지 않았다면 지금은 훨씬 큰 이익을 얻을 수 있을 것이라고 생각하면서 매니저를 비난할 것이다. 반대로 펀드의 수익률이 좋으면 펀드를 잘 선택한 투자자의 혜안 때문이라 생각하며 매니저의 운용 능력에 대해 칭찬하는 것에 인색할 가능성이 높다. 이러한 현상을 행태재무학(behavioral finance)에서는 자기본위편향(self-attribution bias)이라고 한다.

야구에서는 감독에 대한 팬과 언론의 일방적인 비난은 자기본위편향이 가장 두드러지게 나타나는 대표적인 사례라고 할 수 있다. 성적이 좋지 않으면 감독 탓, 성적이 좋으면 운이 좋거나 다른 팀 감독이 못해서 그런 것이라고 쉽게 결론내려지는 비난들을 보다 보면, 감독은 잘한 것보다 잘못한 흔적이 크게 남는 슬픈 운명을 가지고 있다고 생각할 수밖에 없다.

그렇다면 야구 감독이 성적 때문에 받아야 할 합리적인 비난의 강도는 어느 정도일까? 이 질문에 답하기 위해 우리는 대부분의 스포츠에서 중요한 성과 지표로 삼는 승률을 바탕으로 야구 감독의 성공과 실패를 평가하고자 한다.

다음 표는 국내 프로야구와 프로축구의 각 연도별 1위와 최하위 팀의 승률이다. 2005년부터 2013년까지 9년 동안의 승률을 살펴보면 프로야구 1위 팀은 60%를 약간 넘는 평균 승률을 기록한 반면 최하위 팀은 40%에 못 미치는 평균 승률을 기록했다. 1위와 최하위 팀의 승률 차이는 약 24%p 정도이다. 한화 이글스가 유독 못했던 2013년 승률을 제외하면, 최하위 팀의 평균 승률은 거의 40%에 육박한다. 반면 프로축구의 승률은 야구에 비해 훨씬 편차가 크다. 국내 프로축구 1위의 평균 승률은 75%이지만 최하위의 경우 30%가 되지 않고, 1위와 최하위의 승률 차이는 무려 45%p로 야구에 비해 두 배 정도 차이를 보여준다. 이러한 승률을 통해 알 수 있는 사실은 다른 스포츠보다 야구에서 1위 팀과 최하위 팀

표2-1 국내 프로야구의 연도별 1위 팀과 최하위 팀의 승률

연도	1위 팀		최하위 팀		승률 차이(%p)
	팀명	승률(%)	팀명	승률(%)	1위-최하위
2005년	삼성 라이온즈	60.7	KIA 타이거즈	39.2	21.5
2006년	삼성 라이온즈	59.3	LG 트윈스	38.5	20.8
2007년	SK 와이번스	60.3	KIA 타이거즈	40.8	19.5
2008년	SK 와이번스	65.9	LG 트윈스	36.5	29.4
2009년	KIA 타이거즈	60.9	한화 이글스	34.6	26.3
2010년	SK 와이번스	63.2	한화 이글스	36.8	26.4
2011년	삼성 라이온즈	61.2	넥센 히어로즈	38.9	22.3
2012년	삼성 라이온즈	61.1	한화 이글스	40.8	20.3
2013년	삼성 라이온즈	59.5	한화 이글스	33.1	26.4
평균		61.3		37.7	23.7

자료: NAVER 스포츠

의 승률 차이가 유독 작다는 것이다. 프로야구의 경우 5경기 중 평균적으로 3경기를 이기면 우승이 거의 확실한 반면, 프로축구에서는 5경기 중 4경기는 이겨야 우승할 수 있다.

1위 팀과 최하위 팀의 승률 차이가 야구에서 크지 않은 현상은 국내 프로야구에서만 발생하는 것은 아니다. 미국 메이저리그의 2013년 성적을 보면 각 지구(division) 1위 팀의 평균 승률이 60%에 근접하고 최하위 팀의 승률이 40%에 근접해 국내 프로야구 승률과 크게 다르지 않다. 반면 전 세계에서 가장 큰 축구 시장을 가

표2-2 국내 프로축구의 연도별 1위 팀과 최하위 팀의 승률

연도	1위 팀		최하위 팀		승률 차이(%p)
	팀명	승률(%)	팀명	승률(%)	1위-최하위
2005년	울산	70.0	전북	24.0	46.0
2006년	성남	74.2	인천	34.8	39.4
2007년	수원	67.7	전남	38.9	28.9
2008년	수원	78.8	전남	41.7	37.1
2009년	전북	73.1	대구	29.2	43.9
2010년	서울	81.3	대구	24.1	57.1
2011년	포항	72.4	강원	14.3	58.1
2012년	서울	82.6	강원	26.9	55.7
평균		75.0		29.2	45.8

주: 1) 야구 승률과 동등한 비교를 위해 무승부를 제외한 승률 계산법 적용
2) 광주 상무는 선수수급의 특수성으로 인해 제외
3) 각 연도별로 치러진 전체 리그, 컵 대회 합산, 2012년은 단일리그였던 상반기 30 경기만 포함

자료: NAVER 스포츠

진 유럽의 주요 축구 리그에서는 최상위 팀과 최하위 팀의 승률 격차가 오히려 국내 프로축구보다 크다.

그렇다면 유독 야구에서 잘하는 팀과 못하는 팀의 승률 차이가 적은 이유는 무엇일까? 그 이유는 바로 다른 스포츠에 비해 운이 많이 작용하는 야구 경기의 특성 때문이다. 투자 분야에서는 이러한 특성을 무작위성(randomness)이라는 개념을 이용해 설명한다. 다시 말해 선수와 야구 경기의 승패가 감독의 능력보다 운에 의해

표2-3 미국 메이저리그 각 지구별 최상위 팀과 최하위 팀의 승률(2013년)

리그	지구 (division)	1위		최하위		승률 차이 (%p)
		팀명	승률(%)	팀명	승률(%)	1위-최하위
아메리칸 리그	동부	보스턴	59.9	토론토	45.7	16.0
	중부	디트로이트	57.4	시카고W	38.9	13.6
	서부	오클랜드	59.3	휴스턴	31.5	11.7
내셔널 리그	동부	애틀란타	59.3	마이애미	38.3	17.9
	중부	세인트루이스	59.9	시카고C	40.7	25.9
	서부	LAD	56.8	콜로라도	45.7	18.5
평균			58.8		40.1	18.7

자료: NAVER 스포츠

표2-4 유럽 주요 축구 리그 최상위 팀과 최하위 팀의 승률(2012/2013 시즌)

리그 (2012/2013 시즌)	1위		최하위		승률 차이 (%p)
	팀명	승률(%)	팀명	승률(%)	1위-최하위
잉글랜드 프리미어리그	맨체스터 유나이티드	84.9	퀸즈파크 레인저스	16.0	68.9
스페인 프리메라리가	FC 바르셀로나	94.1	레알 사라고사	29.0	65.1
이탈리아 세리에A	유벤투스 FC	84.4	페스카라	17.7	66.7
독일 분데스리가	바이에른 뮌헨	97.7	그로이터 퓌르트	13.3	84.4
평균		90.3		19.0	71.3

주: 야구 승률과 동등한 비교를 위해 무승부를 제외한 승률 계산법 적용

자료: NAVER 스포츠

좌우될수록 잘하는 팀과 못하는 팀의 승률은 50%에 가까워진다는 것이다. 100% 운에 의해 앞뒤가 결정되는 동전 던지기를 하면 할수록 앞뒤를 맞춘 확률이 50%에 수렴하는 것을 생각한다면[16), 1위 팀과 최하위 팀의 승률이 50%를 기준으로 ±10% 차이에 불과한 야구는 ±35%가량 차이가 나는 축구에 비해 훨씬 많은 운이 작용하는 스포츠라고 할 수 있다. 우승팀을 맞히는 내기를 상상해보자. 승률이 60%인 삼성 라이온즈의 우승에 돈을 걸 것인가, 90% 승률을 보이는 FC 바르셀로나에 돈을 걸 것인가? 답은 간단하다. 운이 덜 작용해 우승 확률이 훨씬 높은 FC 바르셀로나에 돈을 거는 것이 내기에서 이기는 길이다.

운이 많이 작용하는 야구의 경우 삼성 라이온즈의 우승에 돈을 거는 데도 많은 용기가 필요하다. 2013년 한국시리즈 우승은 결국에는 삼성에게 돌아갔지만 한국시리즈에서 우승하기까지의 과정은 순탄치 않았다. 공교롭게도 많은 사람들이 야구에 열광하는 이유 중의 하나는 바로 이러한 운 때문이기도 하다. 그래서 야구를 각본 없는 드라마라고도 하고 앞날을 예상하기 어려운 인생에 비유하기도 한다. 야구에 운이 많이 작용하는 이유는 야구라는 스포츠가 확률로 표현되는 사건들이 연속적으로 이어지기 때문이다. 투수가 공을 던질 때마다 볼과 스트라이크가 될 확률, 그리고 그 공을 타자가 칠 수 있는 확률, 주자가 나갔을 때 그 후속 안타가 터져 득점으로 이루어질 확률, 거기다가 수비가 실책을 할 확률까지 더해지는 등 매 순간마다 확률, 즉 운에 의해 결정된다. 반면 축구의 경우, 경기 흐름 자체가 시간이 경과됨과 동시에 연속적으로 이어지고, 그 안에서 시간과 선수의 역할을 인위적으로 조정할 수 있어 운이 작용할 개연성이 상대적으로 적다. 야구의 경우 아무리 잘 치는 선수라도 더 많은 타격 기회를 줄 수 없지만, 축구의 경우 골 결정력이 높은 리오넬 메시 같은 선수에게 더 많은 패스를 함으로써 경기를 지배할 수 있다. 또한 야구 경기에서 이기고 있다고 해서 상대방에게 남은 공격 기회를 막을 수 없지만, 축구에서는 중동의 '침대 축구'처럼 시간을 끌거나 수비 위주의 전략을 쓸 수도 있어 확률을 제어할 수 있다.

축구와 대비되는 야구 경기의 특징을 이해한다면, 감독이 되어 좋은 선수를 영입하고 신출귀몰한 작전을 써도 얻을 수 있는 최고의 승률은 60%에 불과하다는 사실을 인정할 수밖에 없다. 오죽하면 2012년 초반 야구계를 뒤흔들었던 승부조작 사건이 승패를 조작하기보다는 1이닝 볼넷과 같은 상황 조작이었을까? 선수가 지려고 마음먹어도 쉽게 질 수 없는 것이 바로 야구이기 때문이다. 따라서 운이 많이 작용하는 야구라는 스포츠의 감독이 되었다면,

당신이 책임져야 하는 것 이상의 것들에 대해 외부에서 쏟아내는 과도한 비난을 마음속에 담아두고 확대 해석함으로써 자신을 과도하게 채찍질해서는 안 된다. 그 비난을 온전히 자신의 잘못 때문이라고 생각하기 시작하면 자신의 야구 철학에 바탕을 두고 독립적으로 운영하기보다 비난을 적게 받는 수동적인 전략을 취할 가능성이 높아지기 때문이다. '400패를 해야 진정한 야구 감독이 될 수 있다'[17]라는 김인식 감독의 야구 철학은 400패에서 쏟아지는 여러 사람들의 비난을 마음속으로 다스리는 방법을 이야기하는 것이 아닐까 싶다.

주식 시장으로 눈을 돌려보자. 다음 표는 코스피200 구성 종목 중에 2013년 한 해 동안 수익률이 가장 높았던 다섯 종목과 가장 낮았던 다섯 종목들의 수익률과 상승일, 하락일수를 정리한 데이터이다. 거래일 하루하루가 야구 경기라고 생각하면, 전체 거래일 중 상승한 날을 승리, 그리고 상승일의 비율은 승률이라고 생각할 수 있을 것이다. NAVER의 경우 1년 동안 221.1% 상승해 코스피200 종목들 중 수익률이 가장 높았지만, 총 247 거래일 동안 상승한 날은 108일로 상승일 비율은 49.8%에 불과하다. 그 뒤를 이어 높은 수익률을 기록한 한일이화, 한국쉘석유, 오뚜기, LG하우시스의 상승일 비율은 50~55% 수준에 불과하다. 반

표2-5 **2013년 코스피200 수익률 상위 및 하위 종목**

구분	순위	종목	2013년 수익률(%)	상승일수	하락일수	보합일수	상승일 비율(%)
수익률 상위	1위	NAVER	221.1	108	109	30	49.8
	2위	한일이화	133.6	116	113	18	50.7
	3위	한국쉘석유	90.1	131	106	10	55.3
	4위	오뚜기	82.2	120	117	10	50.6
	5위	LG하우시스	78.7	116	106	25	52.3
수익률 하위	1위	삼성엔지니어링	-60.1	102	133	12	43.4
	2위	에이블씨엔씨	-57.9	106	134	7	44.2
	3위	현대엘리베이터	-57.7	90	144	13	38.5
	4위	한올바이오파마	-51.8	106	129	12	45.1
	5위	현대상선	-50.7	98	136	13	41.9

주: 야구 승률과 동등한 비교를 위해 무승부에 해당하는 보합일수는 제외

면 수익률이 가장 저조했던 삼성엔지니어링의 수익률은 -60.1%이지만 실제 상승한 날의 비율은 43.4%로 저조한 수익률에 비하면 하락일수의 비중이 많지 않다. 그 다음으로 수익률이 낮았던 에이블씨앤씨, 현대엘리베이터, 한올바이오파마, 현대상선 모두 -50% 내외의 저조한 수익률을 보였음에도 상승일의 비율은 무려 38~45%나 된다. 수익률이 높은 종목과 낮은 종목의 상승일 비율이 50%에서 크게 벗어나지 않고 모여 있다는 사실은 주식투자의 성공여부 역시 야구경기와 마찬가지로 운이 많이 작용하는 분야라는 것을 보여준다.

이러한 관점에서 보면, 주식을 운용하는 포트폴리오 매니저가 시장 상황에 따라 겪게 되는 수익률의 변화는 야구 경기의 변덕스런 승패와 같아서 이제 막 주식을 시작하는 투자자들은 하루하루 수익률에 심리적으로 많은 영향을 받기 쉽다. 따라서 주식투자를 하는 포트폴리오 매니저에게도 야구 감독에게 필요한 마인드 컨트롤 능력이 절실히 필요하다. 어떤 기업의 성장성과 재무상태가 좋아 주가가 상승할 것으로 예상하고 그 기업의 주식을 샀다고 생각해보자. 만약 단기적으로 주가가 하락할 경우 초보 매니저와 베테랑 매니저는 어떻게 대응할까? 초보 매니저라면 자신의 예상과 반대로 가는 주가 때문에 자신의 투자가 실패했다고 섣불리 판단하고 손해를 보고서라도 주식을 팔려고 할 것이다. 패배에 따른 팬들의 비난을 과도하게 의식해 판단력이 부족해지기 쉬운 경험 적은 초보 감독의 모습과 같다. 하지만 베테랑 매니저라면 투자논리를 바꿀 만한 근본적인 변화가 없다면 단기적인 주가 하락은 운이 나빴다고 생각하며 자신의 투자원칙을 꾸준히 밀고 나갈 것이다. 바로 단기 승패에 연연해하지 않고 정규 시즌 우승을 위한 장기적인 운영을 최우선으로 하는 노련한 감독의 모습이다.

좋은 감독이 되기 위해 가져야 할 마인드

야구가 다른 스포츠에 비해 운이 많이 작용한다는 사실은 성적으로 과도한 스트레스를 받는 감독들에게 약간이나마 위로가 될 수 있을 것이다. 주식투자에도 많은 운이 작용한다는 사실 역시 매일매일 변화하는 수익률에 스트레스를 받는 매니저에게도 위로가 될 수 있다. 매니저가 투자를 잘못해 수익률이 나빠진 것이 아니라 운이 따르지 않아 저조한 성과가 나왔다는 여지를 충분히 남겨주기 때문이다.

하지만 반대로 생각해 본다면, 투자 수익률이 좋은 것과 팀 성적이 좋은 것 역시 포트폴리오 매니저와 야구 감독의 능력이 뛰어났다기보다 운이 따라주었기 때문이라고 이야기할 수 있지 않을까? 그렇다면 굳이 많은 연봉을 주고 유명한 감독과 포트폴리오 매니저를 영입할 필요가 없을 것이다. 실력이 좋은 감독과 그렇지 않은 감독을 영입해도 승률 차이가 크게 나지 않을 것이고, 좋은 매니저와 그렇지 않은 매니저의 예측 정확도 또한 큰 차이가 나지 않을 테니 말이다.

실제로 과거 미국에서는 주식 전문가와 원숭이의 투자 대결을

한 적이 있다.[18] 게임 방식은 간단했다. 주식 전문가는 자기 판단 하에 수익률이 좋을 것으로 예상하는 주식에 투자하게 했고, 원숭이는 투자 종목이 쓰여 있는 카드를 임의대로 뽑아 투자할 종목을 선정하도록 했다. 약속된 시간이 흐른 후 주식 전문가와 원숭이의 투자 결과를 봤더니 놀랍게도 원숭이의 투자 포트폴리오의 수익률이 더 높았다. 이 실험 결과는 포트폴리오 매니저의 무용론을 주장하던 강형 효율적 시장가설 학파에 힘을 실어주기도 했다.[19]

하지만 야구 감독과 포트폴리오 매니저 자리에 원숭이를 앉혀 놓을 구단주나 투자자는 없을 것이다. 운이 많이 작용해 1위 팀의 승률과 최하위 팀의 승률 차이가 크지 않은 야구지만 여전히 승률 차이가 존재해 순위가 가려지고, 그 조그만 차이를 만들어 내는 것은 결국 감독과 선수들의 능력이 축적된 결과물이기 때문이다. 마찬가지로 우수한 포트폴리오 매니저라도 예측이 맞을 가능성은 반반에 가깝지만, 결국 예측이 맞은 경우가 그렇지 않은 경우보다 많아 상대적으로 우수한 수익률을 달성할 수 있는 것과 같은 이치다. 그렇다면 어떤 리더가 운이 많이 작용하는 야구와 주식 시장에서 그 미세한 차이를 만들어내 성공한 야구 감독과 매니저가 될 수 있을까? 그 답을 찾기 위해 호사가들 사이에서 회자되는 야구 감독의 스타일을 먼저 살펴보기로 하자.

가장 대표적인 야구 감독의 스타일 분류 방식은 군대를 이끄는 장수에 비유해 지장(智將), 덕장(德將), 용장(勇將)으로 구분하는 방법이다. 지장은 야구에 대한 많은 지식과 경험을 통해 적재적소에 정확한 판단을 하는 감독을 의미하며 데이터에 의지해 세밀한 데이터 야구를 구사하는 김성근 감독이 대표적인 지장으로 뽑힌다. 덕장은 선수들에게 많은 신뢰와 믿음을 줌으로써 선수 스스로 자신의 능력을 십분 발휘하도록 하는 스타일로 김인식 전 감독이 대표적인 덕장으로 꼽힌다. 용장은 말 그대로 선수들로 하여금 승부를 정면으로 돌파하게끔 하는 파이팅 넘치는 감독으로 이만수 SK 감독과 로이스터 전 롯데 감독이 이 스타일에 부합한다. 하지만 이런 스타일의 감독들을 이길 수 있는 감독이 있으니, 야구팬들은 이 감독을 운장(運將)이라고 한다. 아무리 지혜와 덕과 용맹함을 겸비하더라도 경기마다 운이 따라주는 감독을 이길 수 없기 때문이다. 아무리 뛰어난 작전을 편 팀이라도 기대하지 않았던 선수가 뜬금없이 홈런을 쳐주던가, 상대방이 실책을 범해주던가, 빗맞은 타구가 행운의 안타가 되는 팀을 이기기 어렵기 때문이다.

이러한 감독의 분류 방법은 경기장 안에서 보여주는 감독의 모습이나 작전을 보고 판단하는 경우가 많다. 작전을 많이 내는 감독을 지장, 앉아서 선수들만 믿는 것처럼 보이는 감독을 덕장, 덕아웃에서 응원단장처럼 보이는 감독을 용장, 작전마다 실패하고 당황하는 기색이 역력하지만 결국에는 이기는 감독은 운장이라고 판단하는 경우가 대부분이기 때문이다.

하지만 일각에서는 경기장 안에서 감독의 역할이 생각보다 많지 않다는 점을 지적하며 이러한 감독의 구분이 무의미하다고 주장하기도 한다. 일단 경기가 시작되면 감독이 할 수 있는 것은 선수를 교체하는 일과 작전을 내는 일인데, 점수를 내는 방법인 홈런, 안타, 볼넷 등은 감독이 작전을 낸다고 선수가 성공할 수 있는 가능성이 높지 않기 때문이다.[20] 반대로 점수를 내주는 원인들인 실책, 실투로 인한 피안타, 잦은 볼넷 등은 감독이 하지 말라고 해서 피할 수 있는 플레이가 아니다. 심지어 가장 가능성이 높은 보내기 번트의 경우 가장 높은 성공률을 기록하는 팀이 50% 정도를 유지할 뿐이며, 감독이 큰 마음 먹고 직접 선수를 교체하는 대타 작전도 평균 성공률은 2할 4푼 정도에 불과하다.[21] 이러한 점들을 고려해볼 때, 야구는 감독이 아니라 결국 선수가 한다고 볼 수 있다. 실제로 선수를 믿고 플레이를 맡기는 김인식 감독 또한 '한 시즌 동안 감독이 좌우하는 승수는 많아야 10승 안쪽일 것'이라고 말하기도 했다.[22] 메이저리그의 원로기자 레너드 코페트 역시 그의 대표적인 저서 《야구란 무엇인가》에서 이와 비슷한 견해를 밝혔었다. 다시 말해 긴 시즌 동안 많은 경기를 치르는 프로야구 무대에서 각 팀의 성적은 선수들의 실력만큼 나오기 마련이고, 일 년 중 몇 경기쯤은 감독의 신기한 계책으로 이기거나 실수로 망쳐버리는 경우가 있더라도 결과적으로 큰 차이는 없다는 것이다.[23]

그렇다면 감독의 중요성은 실제 중요도보다 과장된 것인가? 김성근 감독은 조금 다른 견해를 가지고 있다. 그 또한 아무리 좋은 감독이라도 고교선수들로 프로야구 선수들을 이길 수 없다는 데 동의할 뿐만 아니라 강팀과 약팀의 차이는 이미 시즌이 시작되기 전에 결정될 만큼 선수들의 역할이 중요하다는 데에는 기존 전문가들의 의견과 같다. 하지만 강팀이 한 해 반짝하는 강팀이 아니라 꾸준한 강팀으로 유지되기 위해서는 좋은 선수들을 선발해내는 선수 선발 시스템뿐만 아니라 좋은 기량을 유지할 수 있는 체계적인 훈련 프로그램, 그리고 모든 선수들이 열심히 훈련에 임하는 분위기와 문화를 만들어내는 것이 필요하고, 이러한 경기 외적인 시스템을 만드는 데 가장 결정적인 역할을 하는 것이 감독이라고 보고 있다.[24]

2000년대 후반 포스트시즌에서 계속 맞붙어 새로운 라이벌 구도를 이루었던 SK 와이번스와 두산 베어스의 사례를 살펴보자. 이 팀들이 표면상으로 드러나는 성적뿐만 아니라 프로야구 전반에 미친 가장 큰 영향은 공정한 경쟁 문화를 만들고 적절한 훈련 시스템을 만들어 특정 몇 명의 스타플레이어에 의존하지 않고 강팀을 만들어냈다는 것이다.[25] 그렇기 때문에 주전 선수들의 부상과 이탈에도 불구하고 계속적으로 상위권 성적을 유지할 수 있었다. 또한 이 시기에 두산 베어스 김경문 감독의 뛰는 야구와 SK 와이번스 김성근 감독의 적절한 선수 교체가 성공할 수 있었던 것은 감독의 작전이 적절했다기보다는 그 작전에 맞게 선수들의 작전 수행 능력을 끌어올렸던 그 준비 과정에 있다고 볼 수 있다.

감독의 중요성에 대한 이러한 다양한 의견들을 종합해보면, 결국 감독의 역할은 경기장에서의 선수기용과 작전보다 경기를 준비하는 과정에서 가장 크게 발휘된다는 결론에 자연스럽게 이르게 된다. 하지만 이런 준비 과정을 자세히 알기 어려운 야구팬들은 경기 안에서 일어나는 플레이와 작전 성공여부 등의 결과만으로 감독을 평가하기 마련이다. 이런 야구팬들에게 운장(運將)이라는 칭호는 실력에 비해 운이 많이 따르는 감독을 부정적으로 묘사할 때 사용하곤 한다. 그러나 진정한 운장이란 경기 전에 많은 것을 효과적으로 준비한 감독에게만 주어질 수 있다. 따라서 정말 구단의 승리와 우승을 목표로 하는 감독이라면 경기에서 내는 작전과 그에 따른 승패에 민감하게 반응하기보다 경기장 밖에서 선수들의 능력과 팀워크를 끌어올리는 데 더 많은 에너지를 쏟아야 한다는 교훈을 마음속에 새겨두어야 한다.

그렇다면 이제 주식을 막 시작한 초보 투자자들은 이 교훈을 어떻게 받아들여야 할까? 바로 당신이 살지 말지 고민하는 주식과 매매 타이밍이 실제 전체적인 수익률에 미치는 영향이 크지 않다는 사실과 장기적으로 의미 있는 투자 수익률을 위해서는 주식을 매매하는 그 시간보다 준비하는 시간에 더 많은 에너지를 쏟아야 한다는 것이다. 다시 말해 컴퓨터 모니터 앞 HTS[26] 프로그램에서 번쩍거리는 주가 변화를 계속 쳐다보기보다는 주식에 대한 제대로된 공부를 통해 좋은 기업을 찾아낼 수 있는 시각을 갖추는 데 많은 에너지를 쏟아야 한다는 것을 의미한다.

모든 감독들 중에 운장(運將)이 최고라고 했는데, 좋은 기업을 발굴할 수 있는 능력보다 더 확실하게 운장이 되는 방법은 없다. 많은 공부를 통해 투자에 대한 자신만의 통찰력을 쌓아갈수록 남들에게 갈 운을 자신에게 가져올 수 있기 때문이다. 좋은 감독이 되기 위해서는 누구보다 많은 공부를 해야 한다고 말한 김성근 감독의 충고를 이제 막 투자에 발을 들여놓은 초보 포트폴리오 매니저의 마음속에 새겨야 할 것이다.

이닝 종료

개인투자자들이 실패하는 이유

많은 개인투자자들이 주식 시장에서 실패하는 이유는 무엇일까? 아마도 투자에 대한 제대로 된 이해 없이 주식투자에 무작정 뛰어들었기 때문이 아닐까 싶다. 훈련 없이 겪게 되는 투자는 반복된 실수를 유도한다. 물론 누구나 실수를 할 수는 있다. 하지만 성공한 투자자가 되기 위해서는 같은 실수가 반복돼서는 안 된다. 그리고 실수들을 다스릴 수 있는 능력이야말로 개인투자자가 '개미'의 마인드에서 벗어나 진정한 투자자가 되는 지름길이다. 필자의 여러 경험들을 볼 때 개인투자자가 실패하는 3가지 실수들을 살펴보자.

● 하루하루의 단기 수익률에 과도한 신경을 쓴다

지금 타석에 있는 타자가 안타를 칠 것인지 예측할 수 있는가? 타자의 타격 능력을 설명하는 타율이라는 지표가 있지만 이 지표는 안타를 칠 수 있는 확률을 이야기하는 것이지 이번 타석에서 안타를 칠지 안 칠지를 정확히 예측하지는 못한다. 타율이라는 확률을 이해하는 야구팬이라면 타자가 안타를 못 치는 것을 가지고 감독의 탓을 하지는 않을 것이다. 앞에서 언급한 바와 같이 감독이 할 일은 이번 타석에서 안타를 칠 선수를 족집게처럼 뽑는 것이 아니라 한 시즌 동안 팀 타율을 올려 득점을 최대화할 수 있도록 훈련시키고 그에 맞게 선수들을 적재적소에 배치하는 것이기 때문이다.

야구팬들이 알고 있는 이러한 상식과 달리, 개인투자자들은 자신이 매수한 종목들의 하루하루 수익률에 과도한 신경을 쓰며 일희일비한다. 특히 HTS와 스마트폰을 통해 장중 주가 변화를 실시간으로 확인할 수 있는 경로가 다양해지면서 이러한 현상이 더욱 자주 나타나고 있다. 하지만 자신의 투자포트폴리오의 수익률을 너무 자주 확인하는 것은 자신만의 투자 철학이 확고하게 잡혀 있지 않은 개인투자자에게는 오히려 부정적인 영향을 끼치기 쉽다. 수익률을 시시각각으로 확인함으로써 자신의 투자 성공여부를 너무 일찍 판단하게 만들기 때문이다.

주식을 사면 최소 1년은 보유하기로 다짐한 한 투자자를 예로 들어보자. 이 투자자는 삼성전자 주식을 150만 원에 샀는데 불과 몇 시간 만에 1만 원 하락한 149만 원으로 그날 장을 마감했다. 마이너스로 표시된 계좌의 수익률은 혹시 자신의 투자 판단이 잘못된 것이 아닌가라는 생각을 갖게 만든다. 만약 며칠 동안 주가가 계속 내려가게 되면 이 투자자는 추가적인 손실에 대한 두려움이 커져 손절매할 가능성이 높아진다. 1년은 보유하기로 한 투자의 원칙이 불과 며칠 만에 깨질 수 있는 것이다. 반면 주식투자가 아닌 부동산 투자의 경우 이야기가 달라진다. 투자 목적으로 집을 샀다고 가정해보자. 독자들은 그 집 가격을 하루에 몇 번씩이나 인터넷을 접속해서 확인하는가? 집값을 실시간으로 확인할 길도 없을 뿐더러, 대부분은 가끔씩 부동산 중개업소를 지나가면서 요새 얼마에 매물이 나왔는지 비정기적으로 확인할 뿐이다. 오히려 실시간으로 가격을 확인할 수 없는 이러한 제약 요건 때문에 부동산에 대한 투자는 본의 아니게 장기투자를 할 수 있다. 많은 투자의 대가들이 주장하는 장기투자라는 것은 결국 긴 호흡으로 담금질할 필요가 있는 투자 방법인데 반해, 대부분의 개인투자자들은 너무 자주 주가를 확인하는 습관에 젖어 있어 장기투자에 실패한다.

개인투자자들이 명심해야 할 것은 그들이 너무나도 신경을 쓰는 하루하루의 단기 수익률이 타자가 안타를 칠지 못 칠지를 맞추는 것과 같은 범주의 이야기라는 것이다. 훌륭한 야구 감독이 신경 쓰는 것은 한 시즌을 통해 우승할 수 있는 팀 전력을 향상시키는 것이지, 지금 타석에 들어선 한 선수의 안타 여부가 아니다. 개인투자자도 마찬가지이다. 매니저가 신경 써야 할 것은 단기 수익률이 아니라 장기적으로 우수한 수익률이 되어야 한다. 이런 면에서 필자가 아는 포트폴리오 매니저의 사례는 개인투자자들에게 시사하는 바가 크다. 그는 주식을 매수할 때 최소 얼마 이상의 기간 동안 보유하겠다는 투자원칙을 세웠기 때문에 보유 종목의 주가를 전문적인 트레이딩 터미널을 사용하지 않고 네이버와 다음과 같은 국내 주요 포털 사이트를 통해 주가를 확인한다. 주가를 실시간으로 확인하는 것이 자신의 투자원칙 유지에 방해가 된다는 것을 깨닫고 자신의 심리를 제어하기 위한 노하우인 것이다.

● 보유 종목만 신경 쓴다

주전 선수의 능력은 중요하다. 하지만 한 시즌 동안 주전 선수들만을 가지고 경기를 하는 것이 아니다. 아무리 주전 선수가 주의를 기울인다 할지라도 부상을 당할 확률 또는 슬럼프를 겪게 될 확률은 엄연히 존재한다. 감독의 목적은 한 시즌 동안 큰 기복 없이 팀 성적을 향상시키는 것이므로, 주전 선수의 공백을 큰 전력손실 없이 채워줄 수 있는 훌륭한 후보 선수 또는 백업 선수를 보유하는 것은 매우 중요한 일이다. 특히 최근 국내 프로야구에서 강조되고 있는 부분은 체계적인 2군 육성 시스템이고, 실제로 2000년 중반 이후 꾸준한 성적을 내고 있는 구단들은 이러한 팜 시스템[27)]을 이용해 주전과 백업 선수들의 차이를 줄인 팀들이었다. 또 다른 방법으로는 현재 팀에서 부족하거나 상대적으로 여유 있는 포지션의 선수들을 다른 팀 선수들과 트레이드하는 방법이 있다. 이러한 방법을 효과적으로 쓰기 위해서는 주전 선수뿐만 아니라 후보와 2군 선수, 그리고 타 팀 선수들의 정보를 적절히 파악하고 있어야 한다.

포트폴리오 매니저 역시 지금 투자하고 있는 종목뿐만 아니라 투자하고 있지 않은 종목에 대해서도 충분한 분석을 하고 있어야 한다. 투자하고 있지 않은 종목들을 잘 알고 있어야 투자하는 종목이 예상보다 빨리 목표주가에 도달하거나 예상치 못한 이벤트가 발생해 즉시 팔아야 하는 경우 새로운 종목으로 대체할 수 있기 때문이다. 이에 반해 많은 개인투자자들은 자신이 보유하고 있는 종목에만 집착하여 그 종목을 제외한 다른 종목을 알려 하지 않는다. 따라서 보유 종목을 팔더라도 그 종목을 대체할 종목을 쉽게 찾지 못할 뿐더러, 오히려 팔았던 종목을 다시 사면서 하락 위험에 노출되는 실수를 자주 범하게 된다. 따라서 실패하지 않는 개인투자자가 되기 위해서는 보유하고 있는 종목뿐만 아니라 다른 종목에 대한 공부도 철저히 해야 한다.

●모든 책임을 감독에게 돌린다

야구 감독은 어떤 면에서 책임지는 자리다. 아무리 올바르고 합리적인 방식으로 팀을 운영했더라도 결과가 나쁘면 그 책임은 결국 감독에게 돌아간다. 주변의 의견을 듣지 않고 감독 자신의 방식으로 밀고 가다가 성공하면 뚝심으로 칭송받지만, 실패하면 고집으로 폄하되기 마련이다. 만약 다른 사람의 의견에 따라 팀 운영 원칙을 바꿨다면 어떨까? 이 역시 성공하면 유연성 있는 감독, 실패하면 자신의 방식이 없는 줏대 없는 감독으로 평가받을 것이다. 결국 감독이 어떤 방식으로 팀을 운영하더라도 그 감독에 대한 평가는 과정보다 성적으로 평가받는 것이 우리가 아는 감독의 숙명이다.

하지만 성적이 좋은 감독이 훌륭한 감독인가? 결과로 평가받는다는 측면에서 보면 성적이 좋은 감독이 성공한 감독임이 분명하겠지만, 장기적으로 좋은 성적을 내는 팀을 만들기 위해서는 성적으로만 감독을 평가하는 기존의 방식에서 벗어나야 한다. 그 바탕에는 야구라는 경기에 상당히 많은 '운'이 포함되어 있다라는 사실이 자리잡고 있다. 만약 어떤 감독이 정말 합리적으로 팀을 운영했음에도 불구하고 구단에서 설정한 우승 목표를 이루지 못했다는 이유만으로 경질됐다면, 아마도 그 팀은 향후 좋은 성적을 가져다줄 수 있는 훌륭한 감독을 잃게 될 확률이 높다. 합리적인 방법으로 팀을 운영해온 감독은 약간의 운만 따라준다면 팀을 우승으로 이끌 수 있는 가장 유력한 감독이기 때문이다. 따라서 감독이 책임져야 하는 '결과'에는 '성적'과 더불어 '과정'도 포함된 개념이라는 것을 이해할 필요가 있다.

이런 측면에서 본다면 무조건 높은 수익률이라는 결과만을 쫓는 개인투자자들의 성과 지상주의도 다시 생각해볼 필요가 있다. 비합리적인 투자방식으로 높은 수익을 얻었다면 그것은 운이 좋았다고 생각하고 즉시 그 투자 방식에서 벗어나야 한다. 개인투자자들의 실패 원인 가운데 상당수는 성과가 좋았던 비합리적인 투자방식을 고집하는 데 있다. 투자자들에게 운이 계속 따라주는 경우는 많지 않으며, 비합리적인 투자방식은 운이 좋지 않을 경우 치명적인 결과를 가져다 준다. 따라서 단기적으로 높은 수익률이라는 '결과'보다 합리적인 투자방식이라는 '과정'의 중요성을 항상 염두하며 투자할 필요가 있다.

16) 통계학에서 '대수의 법칙(law of large number)'이라고 한다

17) 김성근·김인식·손윤·유효상, 《김성근, 김인식의 감독이란 무엇인가》, (새잎, 2012)

18) Burton Gordon Malkiel, 《*A Random Walk Down Wall Street*》, (W. W. Norton & Company, 2003)

19) 강형 효율적 시장 가설(Strong-Form Efficient Market Hypothesis): 주가는 비공개 정보를 포함한 모든 정보를 충분히 반영하고 있기 때문에 비공개 정보를 갖고 있더라도 장기적으로 시장보다 나은 수익률을 올릴 수 없다는 주장이다. 따라서 이 가설이 성립되는 시장에서는 정보를 판단하여 매매를 결정하는 포트폴리오 매니저가 필요 없으며, 정보는 무작위로 시장에 쏟아지기 때문에 주가는 무작위적으로 변하는 특성을 보여준다.

20) 김은식, 《야구상식사전》, (이상, 2011)

21) 〈연합뉴스〉, 2008. 6. 26, 진규수, "프로야구 성공률 0.381… 두산 대타 만세"

22) 김성근·김인식·손윤·유효상, 《김성근, 김인식의 감독이란 무엇인가》, (새잎, 2012)

23) 레너드 코페트, 《야구란 무엇인가》, (황금가지, 2009)

24) 김성근·김인식·손윤·유효상, 《김성근, 김인식의 감독이란 무엇인가》, (새잎, 2012)

25) 김은식, 《야구상식사전》, (이상, 2011)

26) Home Trading System(홈트레이딩시스템)의 약자. 증권사 지점을 이용하지 않고 컴퓨터를 통해 온라인으로 주식을 거래할 수 있는 프로그램을 말한다.

27) 선수들을 체계적으로 육성한다는 의미에서 '농장'을 뜻하는 팜(farm)이라는 용어를 사용

PART 2

데이터를 이용한 새로운 게임의 룰

데이터 야구의 시대 - 세이버메트릭스

2000년대 후반 국내 프로야구를 대표하는 두 구단은 김성근 감독의 SK 와이번스와 김경문 감독의 두산 베어스를 꼽는데 야구팬들 사이에 큰 이견이 없을 것이다. 세밀한 작전과 뛰는 야구로 경기가 끝나기 전까지 긴장의 끈을 놓을 수 없었던 이 두 팀 간의 경기는 많은 야구팬들의 주목을 끌었을 뿐만 아니라 한국 프로야구의 수준을 한 단계 올려놓은 것으로 평가받는다. 하지만 두산은 포스트 시즌마다 SK에게 패해 우승 기회를 놓쳤다. 2007년 한국시리즈에서 2승을 거둔 두산은 그 뒤로 4연패했고, 2008년 한국시리즈에서도 1승 후 4연패를 해서 한국시리즈 우승을 SK에게 내줘야 했다. 복수를 다짐했던 두산은 2009년 SK와의 플레이오프에서도 2승 후에 내리 3연패를 해서 SK가 한국시리즈에 올라가는 것을 지켜보아야만 했다. 허슬두(Hustle Doo)와 화수분 야구에 매료된 많은 두산 팬들에게 SK와의 포스트 시즌은 악몽으로 남아 있을 것이다. 두산이 매번 SK에게 역전패를 당했던 이유는 중요한 기회 때마다 따라주지 않았던 운도 있겠지만, 무엇보다 SK를 지휘했던 김성근 감독의 신출귀몰한 작전이라고도 볼 수 있다.

SK 와이번스가 이렇게 좋은 성적을 올렸던 이유로 많은 전문가들은 SK의 훌륭한 전력분석팀을 꼽고 있다. 그 당시 김성근 감독은 국내 프로야구에서 가장 우수한 전력분석팀을 꾸려 데이터에 기반한 세밀한 야구를 추구했다. SK의 야구를 데이터 야구라고 부르는 이유이다. SK의 데이터 야구는 타자에 따라 극단적인 수비 시프트 작전도 망설임 없이 낼 수 있도록 해 두산 타자들의 많은 안타성 타구를 잡아냈다. 특히 유격수와 2루수 사이를 통과하는 확실한 안타성 타구를 많이 때려냈던 김현수 선수가 타석에 들어서면, 2루수 정근우 선수를 아예 2루 베이스 뒤에 배치시킴으로써 제대로 맞은 안타를 평범한 땅볼로 만들어 아웃시켰다. 투수의 타구를 좌우에 치우치지 않고 정확하게 치는 김현수 선수의 타구 방향을 분석해서 내린 과학적인 작전이었지만, 당하고 있는 두산 팬들에게는 울화통 터지는 얄미운 작전이었다. 그 당시 대다수의 두산 팬들은 자신들에게 몇 년간 패배를 안겨준 김성근 감독이 참으로 미웠을 것이다. 두산을 응원하던 필자 또한 한국시리즈 패배의 현장을 잠실에서 바라보며 김성근 감독을 원망했던 아픈 기억이 아직도 생생하게 남아 있다.

그렇게 시간이 흐르고 당시 주인공이었던 감독들과 선수들이 팀을 바꾸기도 하며 자신의 자리를 새롭게 찾아갈 무렵, 데이터를 이용해 주식투자 전략을 세우는 퀀트 애널리스트인 필자가 하는 일이 그 당시 김성근 감독이 추구했던 데이터 야구와 같다는 사실을 깨닫게 되었다. 수많은 계량 데이터를 보고 분석하여 전략을 세우는 바로 그 일, 팬으로서 얄미웠던 상대팀 감독이 했던 그 일을 내가 하고 있는 것이다! 그 사실을 깨닫는 순간, 승리에 집착해 재미없는 야구를 한다고 비난했던 김성근 감독의 데이터 야구를 진심으로 받아들일 수 있었다. 감이 아닌 데이터를 바탕으로 객관적으로 투자하는 것이 장기적으로 성공할 수 있는 전략이라는 것을 그동안의 애널리스트의 경험을 통해 깨닫게 되었기 때문이다.

이번 회에서는 김성근 감독의 성공 이후 각광받고 있는 데이터 야구를 자세히 알아보고자 한다. 세이버메트릭스라고 불리는 데이터 야구의 시각과 분석 방법을 통해 주식투자에 대한 체계적이고 과학적인 투자를 위한 안목을 기를 수 있는 밑거름을 다지도록 하자.

영화 <머니볼>에서 찾는 세이버메트릭스

2011년에 개봉한 〈머니볼(*Moneyball*)〉은 세이버메트릭스가 무엇인지 보여주는 대표적인 영화다. 이 영화의 원작은 월스트리트 금융권에서의 경력이 있는 미국의 유명 저널리스트 마이클 루이스(Michael Lewis)가 썼던 동명의 책으로, 메이저리그 오클랜드 애슬레틱스(Okland Athletics)의 단장인 빌리 빈(Billy Beane)의 실화를 바탕으로 한 작품이다. 국내에서는 WBC 준우승과 베이징 올림픽 우승 등으로 프로야구의 관중이 연일 기록을 갱신하던 시점에 개봉된 데다가 브래드 피트(Brad Pitt)가 주연을 맡아 화제가 된 영화이다.

이 영화는 2002년 오클랜드 애슬레틱스 구단을 배경으로 한다. 1901년에 창단한 애슬레틱스는 저조한 성적으로 연고지를 두 번이나 옮긴 비인기 구단이었다. 1968년 이후 오클랜드에 정착한 애슬레틱스는 열악한 구단의 재정 사정으로 인해 그나마 실력 있는 선수들도 다른 구단에 뺏기기 일수였던 중소도시의 가난한 구단 신세를 면치 못했다. 반면, 뉴욕 양키스와 LA 다저스와 같이 대도시를 연고로 하는 인기 구단은 막강한 자금력을 바탕으로 비싼 자유계약선수(FA)를 영입하고 적극적인 트레이드를 통해 좋은 선수를 사올 수 있었던 부자 구단이었다. 실제로 영화의 배경이 되었던 2002년, 오클랜드 선수들의 연봉은 4,194만 달러로 뉴욕 양키스의 1억 2,600만 달러의 3분의 1도 안되었다고 하니[28], 구단의 열악한 재정 상황을 충분히 가늠할 수 있을 것이다. 직접적인 비교는 어려울 수도 있겠지만 국내 프로야구에서는 다른 구단에 비해 상대적으로 모기업의 지원을 크게 기대할 수 없는 넥센 히어로즈가 오클랜드와 닮아 있었다고 할 수 있다. 오랜 역사를 지닌 메이저리그에서도 예나 지금이나 돈으로 선수를 살 수 있는 부자 구단과 그렇지 못하는 가난한 구단의 전력 차이는 쉽게 좁힐 수 없는 벽이다.

이 영화의 본격적인 시작은 주인공인 빌리가 1999년에 오클랜드의 단장으로 취임하면서 시작된다. 젊었을 때 뛰어난 능력을 가졌으나 여러 가지 이유로 선수 생활을 이어가지 못하고 프런트로 옮긴 빌리는 단장(General Manager)의 자리까지 올라간다. 구단의 전반적인 의사결정을 해야 하는 빌리에게 구단의 열악한 재정은 늘 골칫거리였다. 4,000만 달러의 예산으로 3배 넘는 예산을 쓸 수 있는 구단과 싸워야 했기 때문이다. 따라서 빌리의 전략은 시장에서 과소평가된 좋은 선수를 찾아 팀을 꾸려가는 방법으로 팀을 운영하는 것이었고, 그러기 위해서는 저평가된 선수들의 데이터가 필요했다. 그는 우연한 기회에 예일대에서 경제학을 전공한 신참내기 피터를 영입하여 그의 야구 철학인 데이터 야구를 오클랜드에 적극적으로 적용시킨다. 그 결과 오클랜드는 2002년에 20연승이라는 메이저리그 신기록을 세우며 아메리칸리그 서부지구에서 우승을 차지한다. 팀을 대표하던 3명의 선수 지암비(Jason Giambi), 데이먼(Johnny Damon), 이스링하우젠(Jason Isringhausen)을 돈이 없어 FA로 떠나보내야 했던 상황에서 달성한 성과였기에 빌리와 오클랜드의 성공 신화는 더욱 주목받았다.

오클랜드의 성공 신화는 야구계뿐만 아니라 다른 많은 분야에서도 관심의 대상이 되었다. 특히 가난한 구단이 부자 구단을 상대로 더 높은 성적을 거두었다는 점이 효율적인 경영 전략의 새로운 대안으로 떠올랐다. 산술적으로 따져본다면 오클랜드가 1승을 따기 위해 지불한 금액은 50만 달러인 반면, 볼티모어 올리올스, 텍사스 레인저스 같은 부자 구단은 1승당 6배가 넘는 300만 달러를 지불했기 때문이다.[29)] 성적 뒤에 숨겨진 오클랜드의 이런 이야기는 1980년대 이후 과도한 성장으로 비효율적인 투자를 이어간 거대 기업들과 그들에게 맞서 싸우는 중소기업들에게 효율적인 경영이라는 화두를 던졌다. 이 영화의 원작인 《머니볼》이 야구 서

적보다 경영서로 분류되는 이유이기도 하다.

영화에서는 단장을 비롯한 빌리와 팀 구성원들의 다양한 드라마적인 요소로 재미를 더해 주지만, 야구와 주식을 연계해서 보려고 하는 이 책에서 주목해야 할 것은 빌리와 피터가 실전에 적용한 '머니볼 이론'이다. 선수 기록을 데이터베이스화하고 이 데이터를 통계적으로 분석함으로써 선수의 재능을 객관적으로 평가하고자 했던 머니볼 이론을 전문 용어로 세이버메트릭스(sabermetrics)라고 한다. 또한 이 이론을 실전에 적용하는 빌리와 피터와 같은 전문가들을 세이버메트리션(sabermetrician)이라고 부른다. 다시 말해, 〈머니볼〉의 빌리와 피터는 오클랜드에 세이버메트릭스를 본격적으로 적용시킨 세이버메트리션이라고 할 수 있다.

데이터에 의존하는 빌리와 피터의 선수 선발과 트레이드 원칙은 주관적인 경험을 바탕으로 선수들을 판단해 왔던 기존 코치들의 반발에 부딪혔다. 영화에서 나오는 그들의 대화를 살펴보면 세이버메트리션인 젊은 빌리와 노장 코치들의 관점 차이가 얼마나 큰지 알 수 있다.

빌리: 선수를 영입하는 데 있어 제가 가장 중요하게 생각하는 기록은 출루율입니다. 그런 관점에서 제가 뽑고자 하는 첫 번째 선수는 제레미입니다.

코치1: 제레미? 그 친구는 사고뭉치에다가 사고 치고 나면 경기력도 떨어진다고!

코치2: 거기다가 팔목에 살이 붙어서 스윙도 잘 안 되고, 기사에 따르면 미망인에게 상복을 입히고 스트립클럽에 가서….

빌리: 저의 선수 선발 기준은 출루율이고, 다른 단점에도 불구하고 이 친구의 출루율은 충분히 높습니다. 그 다음으로 뽑고자 하는 선수는 데이비드 저스티스입니다.

코치1: 그 늙은 저스티스? 다리가 안 좋잖아!

코치2: 그 애는 10년간 뉴욕에만 있던 놈이잖아. 초반에는 티켓 판매에 도움이 될지 모르겠지만 여름 되면 살만 찌고 다리가 안 좋다고. 아마 60경기는 그 친구 없이 할 텐데 굳이 뽑아야 하는 이유가 뭔가?

빌리: 왜냐면 출루율이 높으니까요. 자, 세 번째 선수는 스캇 해트버그입니다.

코치3: 근데 갠 좀 약간의 문제가 있어.

코치2: 약간? 그 친구 던질 줄을 몰라.

코치1: 260 안타를 쳤던 놈이지만 전성기가 지난 친구지. 보스턴은 이 애랑 재계약하지 않을 거야. 아무 팀도 안 데려갈 친구라고.

빌리: 잘됐네요. 그럼 싸게 영입할 수 있겠네요.

코치1: 빌리, 당신은 지금 야구란 조직에서 반쯤 벗어난 놈을 원하고 있는 거야. 그리고 그 녀석은 재활도 불가능하고 팔꿈치 부상이 있어서 던지질 못해. 그런 선수는 수비도 못하는데 도대체 어디다 써먹으려고 하는데?

빌리: 출루가 됩니다. 1루를 밟는다고요.

코치2: 자, 그가 많이 걸어 나가면?

빌리: 출루만 하면 그게 안타이던 포볼이면 상관없잖아요? 출루를 하면 점수를 낼 확률이 높아집니다.

이와 같이 출루율이라는 데이터를 이용해 선수들을 영입하려는 빌리의 방식은 기존 코치들에게 자신들의 오랜 경험을 무시당하게 하는 느낌을 주기 충분했다. 사실 조금만 입장을 바꾸면 이들의 반발은 충분히 이해할 수 있다. 한 분야에서 오랫동안 일해 나름대로 전문가라는 자부심이 있는 사람들에게 야구를 해보지도 않은 대학을 갓 졸업한 피터가 수학공식을 들이대며 '당신이 틀렸어'라고 말한다면, 열받지 않을 코치들은 없을 것이기 때문이다.

코치들과의 진통 속에 단장이라는 지위를 이용한 빌리는 자신이 믿고 있는 데이터 야구를 바탕으로 선수들을 트레이드한다. 물론 피터의 조언을 받아들여 영입한 선수들은 기존 야구 전문가들이 보기에 쓸모없다고 판단한 선수들이 대부분이었다. 코치들이 지적했듯이 제레미 브라운은 지독한 뚱보였고, 왕년에 포수였던 스콧 해티버그는 부상 때문에 더 이상 송구를 할 수 없는 선수였다. 또한 짐 메이서라는 선수는 양쪽 발이 모두 내반족이라는 약점이 있어 절뚝거리며 걸었고, 선구안이 뛰어났던 제이슨 지암비는 리그 최고 수준인 출루율과 달리 타율은 높지 않아 시장에서 저평가받는 선수였다. 이렇게 반쪽짜리 선수들을 사들였던 빌리가 내놓은 결과는 아메리칸리그 서부지구 우승과 20연승이라는 메이저리그 신기록, 그리고 4년 연속 플레이오프 진출이라는 결과였다. 당시 제이슨 지암비보다 뛰어난 타자는 배리 본즈가 유일했고, 해티버그의 볼넷(베이스온볼스) 비율은 메이저리그 최고 수준이었으며, 당시 홈런 경쟁으로 치열했던 마크 맥과이어와 새미 소사는 최고 구속이 시속 130킬로미터밖에 되지 않았던 브래드포드에게 단 하나의 홈런도 쳐내지 못했다. 이처럼 빌리가 세이버메트릭스를 이용해 영입한 저평가 선수들은 기대 이상으로 맹활약을 했다.

그렇다면 세이버메트릭스를 이용해 선수들을 분석할 때 어떤 기준을 가지고 선수들을 평가할 것인가? 세이버메트리션이었던 피터는 다양한 분석과 시뮬레이션을 통해 타자의 출루율이 팀 득점을 극대화할 수 있는 지표라는 것을 발견했다. 다시 말해 출루만 많이 할 수 있다면, 그 출루가 안타로 인한 출루건 볼넷에 의한 출루건에 상관없이 팀 득점에 동일한 영향을 준다는 사실이다. 하지만 그 당시 많은 야구 전문가들은 볼넷으로 걸어나가는 선수보다 안타를 많이 치는 선수들을 훨씬 좋은 선수들로 평가했고, 비록 삼진을 많이 당해도 홈런을 칠 수 있는 선수들을 더 비싼 몸값을 치르면서까지 영입하려 했다. 빌리와 피터는 자신들이 중요하게 생각하는 출루 능력이 다른 능력에 비해 대단히 낮게 평가되는 현상을 역이용해 출루 능력은 좋지만 몸값이 싼 선수들을 집중적으로 영입한 반면, 출루율에 비해 몸값이 비싼 선수들은 다른 구단에 팔았다.

이와 같이 데이터에 기반을 두고 객관적으로 선수를 평가하는 세이버메트릭스의 철학이 오클랜드의 빌리를 통해 묘사된 영화가 바로 영화 〈머니볼〉이다. 야구팬뿐만 아니라 개인투자자들에게도 볼만한 가치가 있는 영화이다.

세이버메트릭스 활용 - 타순 배치 시뮬레이션

경기에 출전할 선수 명단을 라인업이라고 한다. 감독들이 경기 전에 가장 고심하는 것들 중에 하나로 공격과 수비를 모두 고려한 가장 효율적인 라인업을 구성해야 한다. 특히 야구에서의 라인업은 대표적인 인기 스포츠 중의 하나인 축구와 다른 독특한 특성을 가지고 있다. 교체되어 벤치로 들어간 선수가 다시 나올 수 없다는 점에서는 공통점이지만 야구의 경우 타순이라는 공격 순서를 정해줘야 한다. 8번 타자로 나선 선수가 그 경기에 타격 감각이 좋다고 해서 결정적인 기회에 4번 타자 자리로 갈 수 없다는 것이다. 골 감각이 좋은 선수가 페널티킥을 계속 찰 수 있는 축구와 다른 개념이다. 타격이 좋은 선수와 그렇지 않은 선수 모두 순서에 맞게 한 번씩 타석에 들어선다는 점에서 야구는 다른 경기에 비해 조금은 더 '민주적인 경기'라는 우스갯소리도 있다.

타순을 짜야 하는 야구 감독의 복잡한 고민은 주어진 투자자금에서 위험과 수익률을 종합적으로 고려해 가장 효율적인 포트폴리오를 짜야 하는 포트폴리오 매니저의 고민과 비슷하다. 야구 감독과 매니저 모두 상황에 따라서 선수를 교체하거나 종목을 교체하기도 한다. 하지만 선수교체, 예를 들어 대타 성공률이 2할대 초반에 불과하다는 기록에서 알 수 있듯이 선수교체가 현재보다 나은 결과를 가져다주리라는 보장은 없다. 마찬가지로 매니저의 잦은 종목 교체 또한 거래 비용을 증가시킬 뿐 좋은 결과를 항상 가져다주지는 못한다. 따라서 타순을 포함한 선발 라인업과 초기 투자 포트폴리오는 무엇보다 신중하게 결정해야 한다.

그렇다면 야구 선수들의 타순은 어떻게 짜는가? 산술적으로 9명의 선수를 이용해 타순을 짜는 경우는 36만 2,880가지가 된다.[30)] 이 모든 경우의 수를 사람의 머리로는 생각할 수 없기 때문에 여러 가지 경험 법칙을 이용해서 타순를 짜게 된다. 《야구 교과서(*Watching Baseball Smarter*)》의 저자 잭 힘플(Zack Hample)의 가장 대표적인 타순을 살펴보자.[31)]

1번 타순에는 보통 출루율이 가장 높은 타자를 배치한다. 야구는 주자를 홈으로 불러들였을 때만 점수가 나는 경기이기 때문에 1번 타자가 주자로 나가야 그 뒤에 치는 타자들이 안타를 쳤을 때 점수가 날 수 있는 확률이 가장 높아진다. 출루율을 높이기 위해서는 3가지 능력을 갖출 필요가 있는데 일정 수준 이상의 타격 능력과 빠른 발, 그리고 좋은 선구안을 가지고 있어야 한다. 빠른 발은 내야 땅볼일 경우에도 빠른 발로 내야 안타를 만들어 낼 수 있

표3-1 일반적인 타순별 특성

타순	특성
1번	출루율이 높은 타자
2번	삼진을 잘 당하지 않는 타자
3번	팀에서 가장 잘 치는 타자
4번	장타력이 뛰어난 홈런 타자
5번	3, 4번만큼이나 실력이 좋은 타자
6번	하위 타선, 타격 성적에 따라 배치
7번	
8번	
9번	가장 타격이 약한 타자, 내셔널리그에서는 주로 투수

을 뿐만 아니라, 1루에 나가서도 상대 수비가 도루에 대비하도록 집중력을 흩어놓음으로써 다음 타자가 더욱 편하게 공격할 수 있으며, 도루 성공을 통해 득점권인 2루까지 갈 수도 있다. 좋은 선구안은 볼넷을 통해 출루를 하도록 하고, 많은 공을 봄으로써 다음 타자가 좀 더 좋은 타이밍을 잡을 수 있는 기회를 줄 수 있도록 한다.

2번 타자는 삼진을 잘 당하지 않는 타자로서, 1번 타자가 출루를 했을 때 최소한 진루타를 침으로써 득점권에 둘 수 있어야 하며, 안타가 어려울 경우에는 히트앤드런, 번트 등의 작전 수행 능력이 좋아 선행 주자를 좀 더 높은 확률의 득점권에 가도록 해준다.

이렇게 팀이 득점을 올릴 수 있도록 루상에 진출하는 것을 목적으로 한 1-2번 타순을 '밥상을 차린다'는 의미의 '테이블세터(table setter)'라고 한다.

3번 타자는 일반적으로 미국에서는 가장 잘 치는 타자를 배치한다. 테이블세터인 1번과 2번 타자가 나갔을 경우 가장 득점 기회가 많은 타석이기 때문이다. 하지만 동양권에서는 어느 정도의 스피드를 갖춘 타율 높은 선수를 배치하여 좀 더 확장된 테이블세터로 생각하기도 한다.

4번 타자의 경우 메이저리그에서는 가장 장타력이 뛰어난 선수가 들어선다. 홈런을 비롯한 장타를 통해 다득점을 노릴 수 있으며, 아웃카운트가 유리할 경우 장타를 통한 희생플라이를 노려볼 수도 있다. 동양의 경우에는 팀 내 최고 타자를 4번에 배치시키는 경우가 많다.

5번의 경우 3, 4번 타자만큼이나 장타력이 뛰어난 선수를 넣는데, 그 이유는 투수가 4번 타자를 거르지 못하게 하기 위해서이다. 만약 4번 타자 뒤에 평범한 타자가 있다면 4번 타자를 볼넷으로 거르고 5번 타자를 상대하려고 하기 때문이다. 볼넷으로 거르는 것이 투수에게 부담이 되도록 충분히 위협적인 타자를 5번에 배치해야 한다. 3번부터 5번까지의 타순을 '클린업 트리오(Clean up Trio)'라고 부른다.

6번부터는 하위 타선이라고 부르는데 타격 성적에 따라 가장 우수한 타자를 6번부터 배치한다. 내셔널리그의 경우 투수도 타격을 해야 하기 때문에 9번에 투수가 배치되는 경우가 대부분이고, 지명타자를 쓰는 경우 8, 9번은 수비 부담이 큰 포수나 유격수가 주로 배치된다.

이러한 타순은 각 팀 특성과 동서양 문화에 따라 달라진다. 우리나라와 일본을 포함한 동양권에서는 4번 타자에 많은 무게를 두지만 미국의 경우 3번 타자를 더 높게 평가하는 것이 대표적인 예이다. 한편 타순은 시대에 따라 달라지기도 하며, 특히 한 시대를 지배한 팀들은 기존의 타순 법칙을 깬 새로운 타순을 들고 온 경우가 많았다. LA 에인절스(Angels)의 마이크 소시아(Mike Scioscia) 감독은 전통적인 12-345-6789 타순에서 탈피해 테이블세터진을 3명으로 확장하고, 클린업트리오를 4, 5, 6번에 배치하는 방식을 이용해 2008년도의 승률을 크게 상승시키기도 했다.[32] 머니볼의 오클랜드는 출루율을 우선시한 타순 변화로 월드시리즈까지 진출하기도 했다.

이렇게 시대에 따라 변하는 타순도 자세히 살펴보면 몇 가지 중요한 원리를 찾을 수 있다. 제임스 클릭(James Click)은 BLOOP(Baseball Lineup Order Optimization Program)라는 프로그램을 통해 다양한 타순 배치 전략에 대해 연구했고, 이를 바탕으로 승리 확률을 높일 수 있는 타순 배치 원칙을 다음과 같은 3가지로 요약했다.[33)]

●잘 치는 타자를 상위 타선에 배치

잘 치는 타자를 상위 타선에 배치하는 이유는 상위 타선이 하위 타선보다 타석에 들어설 수 있는 기회가 많기 때문이다. 잘 치는 타자에게 한 타석이라도 더 기회를 주면 더 많은 득점을 낼 수 있는 확률이 높아진다. BLOOP의 시뮬레이션에 따르면 잘 치지 못하는 타자를 상위 타선에 배치하는 경우보다 한 시즌 동안 26점을 더 낼 수 있으며, 이는 시즌 동안 약 2.5승에 해당하는 가치가 있다. 한 시즌에 타순만으로 2.5승을 더 거둘 수 있다는 것은 5할 승률을 기점으로 상위팀과 하위팀이 가려지는 야구 경기에서 큰 차이를 가져다 줄 수 있다.

●연타석 안타가 중요

연타석 안타가 중요한 이유는 홈런을 제외하고 연속 안타만큼 확실한 득점 방법이 없기 때문이다. 공격 팀에서는 3개의 아웃 카운트가 소진되기 전에 점수를 내야 하는데, 최소한 3개의 안타를 쳐야 점수를 낼 수 있다. 내야 안타를 제외한 외야 단타의 경우, [표3-2]처럼 안타-아웃-안타-아웃-안타-아웃일 경우 1점을 내지만, [표3-3]처럼 아웃-안타-아웃-안타-아웃일 경우에는 1점을 내지 못하고 공격이 끝나버린다. 더구나 안타가 3개 이상 이어질 경우 추가적인 안타 하나에 한 점씩을 계속 낼 수 있다(표3-4). 다시 말해, 3개 이상의 안타가 연속으로 이어질 경우 공격하는 팀이 훨씬 많은 점수를 낼 수 있는 스포츠가 야구다.

표3-2 안타-아웃-안타-아웃-안타-아웃일 경우 점수 변화

<table>
<tr><th colspan="2">타격 결과</th><th>안타</th><th>아웃</th><th>안타</th><th>아웃</th><th>안타</th><th>아웃</th></tr>
<tr><td colspan="2">설명</td><td>안타로 타자 1루 진루</td><td></td><td>안타로 한 베이스씩 진루</td><td></td><td>안타로 2루 주자 득점 성공</td><td>이닝 종료</td></tr>
<tr><td rowspan="3">타격 종료 후</td><td>아웃 카운트</td><td>0</td><td>1</td><td>1</td><td>2</td><td>2</td><td>3</td></tr>
<tr><td>주자 상황</td><td>1루</td><td>1루</td><td>1, 2루</td><td>1, 2루</td><td>1, 2루</td><td>잔루 1, 2루</td></tr>
<tr><td>점수</td><td>0</td><td>0</td><td>0</td><td>0</td><td>1</td><td>1</td></tr>
</table>

표3-3 아웃-안타-아웃-안타-아웃일 경우 점수 변화

타격 결과		아웃	안타	아웃	안타	아웃
설명			안타로 타자 1루 진루		안타로 한 베이스씩 진루	이닝 종료
타격 종료 후	아웃 카운트	1	1	2	3	3
	주자상황		1루	1루	1, 2루	잔루 1, 2루
	점수	0	0	0	0	0

표3-4 연속 안타가 이어질 경우

타격 결과		아웃	아웃	안타	안타	안타	안타	안타
설명				안타로 타자 1루 진루	안타로 한 베이스씩 진루	안타로 2루 주자 득점 성공	안타로 2루 주자 득점 성공	안타로 2루 주자 득점 성공
타격 종료 후	아웃 카운트	1	2	2	2	2	2	2
	주자 상황			1루	1, 2루	1, 2루	1, 2루	1, 2루
	점수	0	0	0	0	1	2	3

이런 특성을 이해하면 수비 팀에서는 연속 안타를 맞지 않도록 해야 한다. 주자가 나가 있을 때 볼 배합이라든지 수비 전술의 변화, 그리고 투수 교체 등의 전략들 모두 상대방이 연속 안타를 치지 않도록 하는 전략임을 명심할 필요가 있다. 이런 점에서 투수의 위기 관리 능력은 연속 안타를 맞지 않는 능력으로 해석할 수 있다. 야구 중계 때마다 해설자가 강조하는 볼넷이 나쁜 이유는 결

국 상대방이 연속 안타를 친 것과 같은 상황을 투수 스스로 만들어 주는 것으로 이해할 수 있다. 그런 면에서 제구력은 투수에게 가장 중요한 능력이라 할 수 있다.

● 출루율(OBP)이 타순 선정에 가장 중요한 기준

이 원칙은 빌리 빈이 선수 선발에 적용하려고 했던 전략이다. 그렇다면 출루율 우선 전략은 정말로 과학적 근거에 기반을 둔 전략인가? 필자는 이에 대한 과학적 근거를 찾기 위해 BLOOP와 유사한 야구 시뮬레이션 프로그램을 만들어 테스트해보았다. 이 프로그램은 다음과 같은 원칙으로 작동되며, 각 타순마다 난수를 발생시켜 총 1만 번의 시뮬레이션을 수행하도록 설계됐다.

[참고] 타순 시뮬레이션 프로그램의 주요 원칙

1. 타석에 들어선 타자는 정해진 확률에 따라 4사구로 인한 출루, 1루타, 2루타, 3루타, 홈런, 삼진아웃, 플라이아웃, 땅볼아웃의 총 8가지 플레이를 수행한다.
2. 주자가 2루에 있을 때 타자가 1루타를 쳤을 경우 2루 주자는 득점에 성공한 것으로 인정한다.
3. 주자가 1루에 있을 때 타자가 땅볼 아웃을 치면 더블아웃(병살)이 된다.

필자는 이 시뮬레이션을 플레이오프 진출 문턱에서 아깝게 좌절했던 2012년 KIA 타이거즈 사례에 적용해보았다. 2011년에 플레이오프에 진출했던 KIA는 2012년에는 62승 65패 6무로 승률 48.8%를 기록해 4강 플레이오프에서 탈락했다. 일반적으로 8개 구단으로 운영될 때 포스트시즌에 진출할 수 있는 승률이 50%인 점을 고려할 때, 2012년의 KIA의 성적은 승률 1.2%p의 차이로 4강 진출에 실패했다고 볼 수 있다. 만약 그 당시 KIA가 주로 썼던 타순이 아니라 출루율에 기반을 둔 타순으로 한 시즌을 보냈다면 어땠을까? 이에 대한 답을 찾기 위해 필자가 개발한 위 프로그램을 이용해 서로 다른 타순에 따른 승률의 변화를 테스트해봤다. 이를 위해 필자는 2012년에 KIA가 가장 많이 썼던

표3-5 타순 시뮬레이션을 위한 타순 설정

타순	2012년 KIA 타이거즈			
	정상 타순	반대 타순	타율 우선 타순	출루율 우선 타순
1	이용규	신종길	이범호	이범호
2	김선빈	안치홍	안치홍	최희섭
3	나지완	차일목	이용규	이용규
4	이범호	김상현	김선빈	나지완
5	최희섭	최희섭	나지완	김선빈
6	김상현	이범호	김상현	차일목
7	차일목	나지완	차일목	안치홍
8	안치홍	김선빈	최희섭	김상현
9	신종길	이용규	신종길	신종길

타순을 '정상 타순'으로 정의하고, 이 타순을 [표3-5]처럼 정상 타순과 반대 순서로 구성한 '반대 타순', '타율 우선 타순', '출루율 우선 타순'과 가상으로 게임을 했을 경우 승률이 어떻게 변하는지 살펴보았다.[34)]

이 시뮬레이션을 위해서는 먼저 선수들의 기록을 확률로 바꾸어줄 필요가 있다(표3-6). 확률로 바꿔주는 이유는 매 타자가 타석에 들어설 때마다 실제 일어나는 타격에 대한 확률을 시뮬레이션에 반영하기 위해서다. 이러한 작업을 통해 4사구와 희생타로

표3-6 2012년 KIA 타이거즈 정상 타순의 타격 확률

정상타순	이름	기록						확률						
		타석	4사구	1루타	2루타	3루타	홈런	4사구	1루타	2루타	3루타	홈런	땅볼아웃	삼진
1	이용규	570	76	121	14	2	2	0.133	0.212	0.025	0.004	0.004	0.167	0.067
2	김선빈	507	60	98	19	2	5	0.118	0.193	0.037	0.004	0.010	0.163	0.095
3	나지완	472	69	80	17	1	11	0.146	0.169	0.036	0.002	0.023	0.128	0.197
4	이범호	171	28	32	7	0	2	0.164	0.187	0.041	0.000	0.012	0.139	0.135
5	최희섭	301	52	38	17	0	7	0.173	0.126	0.056	0.000	0.023	0.134	0.176
6	김상현	125	9	17	9	0	4	0.072	0.136	0.072	0.000	0.032	0.144	0.208
7	차일목	241	32	48	5	0	0	0.133	0.199	0.021	0.000	0.000	0.152	0.141
8	안치홍	544	48	105	31	2	3	0.088	0.193	0.057	0.004	0.006	0.155	0.136
9	신종길	89	5	8	2	2	1	0.056	0.090	0.022	0.022	0.011	0.152	0.292

자료: NAVER 스포츠

인해 타율 수치가 실제 타격 확률을 반영 못하는 점을 보완할 수 있다. 정상 타순은 각 팀이 그 해에 가장 많이 썼던 타순을 기준으로 했다.[35)]

이 확률을 바탕으로 정상 타순의 야구 시뮬레이션을 1만 번 수행하면 [그래프3-1]과 같은 점수 분포를 얻을 수 있다. 이 분포를 보면 2점 점수를 낸 경기의 비중이 17.1%로 제일 높았고, 한 점도 내지 못한 경기도 10.8%를 차지했다.

그래프3-1 2012년 KIA 타이거스 정상 타순 시뮬레이션 득점 분포

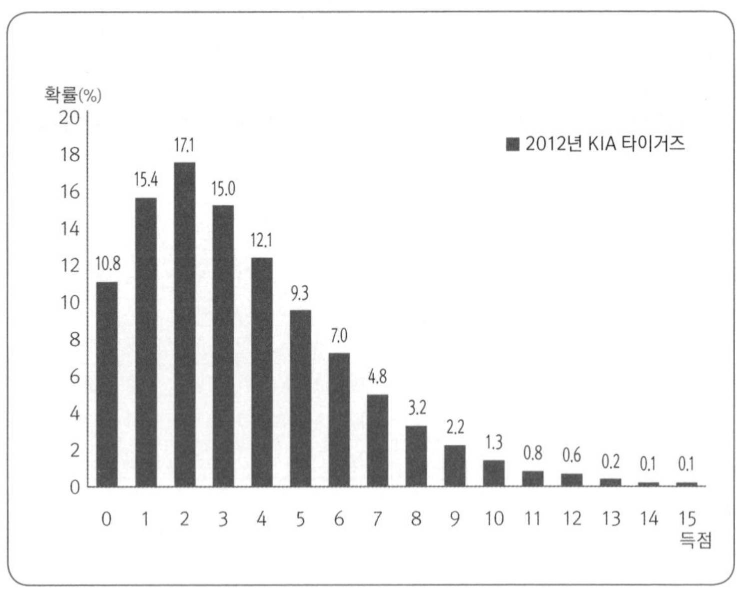

그렇다면 시뮬레이션을 통해 타순 변화에 따른 승률 변화를 살펴보도록 하자. 필자는 시뮬레이션을 통해 생성한 1만 개의 점수 분포를 반대 타순과 타율 우선 타순, 그리고 출루율 우선 타순과 매칭시켜 각 팀의 승패를 파악했다. 만약 정상 타순과 출루율 우선 타순의 첫 경기에서 정상 타순으로 2점 득점, 출루율 우선 타순으로 3점을 득점했다면 정상 타순이 1패를 한 것으로 계산하는 방식이다. [표3-7]은 이와 같은 방식으로 구한 각 타순의 승패와 승률이다.

표3-7 타순 변화에 따른 승률

KIA 타이거즈 정상 타순	상대팀 타순		
	반대 타순	타율 우선 타순	출루율 우선 타순
승	4,505	4,457	4,318
무	1,175	1,184	1,152
패	4,320	4,359	4,530
승률(%)	51.0	50.6	48.8
5할 승률과의 차이(%p)	1.0	0.6	-1.2

이 결과에 따르면 이용규-김선빈-나지완 선수로 이어지는 정상 타순이 신종길-안치홍-차일목 선수로 이어지는 반대 타순과 경기를 했을 경우, 정상 타순의 승률은 51.0%로 나타났다. 다시 말해 정상 타순이 반대 타순에 비해 1.0%p의 승률 개선 효과가 있

는 것으로 판단할 수 있다는 것이다. 또한 정상 타순이 이범호-안치홍-이용규 선수로 이어지는 타율 우선 타순과 경기했을 경우, 정상 타순의 승률은 50.6%로 역시 정상 타순이 타율 우선 타순에 비해 0.6%p의 승률 개선 효과가 나타남을 찾을 수 있다.

재미있는 것은 정상 타순과 출루율 우선 타순이 경기했을 경우이다. 시뮬레이션 결과 정상 타순은 이범호-최희섭-이용규 선수로 이어지는 출루율 우선 타석과 경기했을 경우 50%의 승률에서 1.2%p 감소한 48.8%의 승률을 기록했다. 이 수치는 KIA가 2012년 48.8%의 승률로 5할 승률에 1.2%p 부족한 수치와 같다. 다시 말해, 만약 2012년에 선동렬 감독이 기존 타순이 아닌 출루율 우선 타순으로 선수 라인업을 구성했다면 승률이 1.2%p 오른 50%로 정규 시즌을 마무리했을 가능성이 높고, 어쩌면 KIA가 간발의 차이로 포스트 시즌에 올라갔을 수도 있었을 것이다.

그렇다면 출루율 우선 타순은 어떤 점에서 유리한가. 각 타순별 세부 공격 지표를 정리한 [그래프3-2]를 보면 그 이유를 알 수 있다. 출루율 우선 타순이 좋은 득점력을 보여주는 이유는 많은 연속출루와 적은 병살 개수에서 찾을 수 있다. 출루율 우선 타순은 타율 우선 타순에 비해 경기당 평균 타율은 다소 낮지만, 경기당

그래프3-2 2012년 KIA 타이거즈 타순별 세부 공격 지표 분석

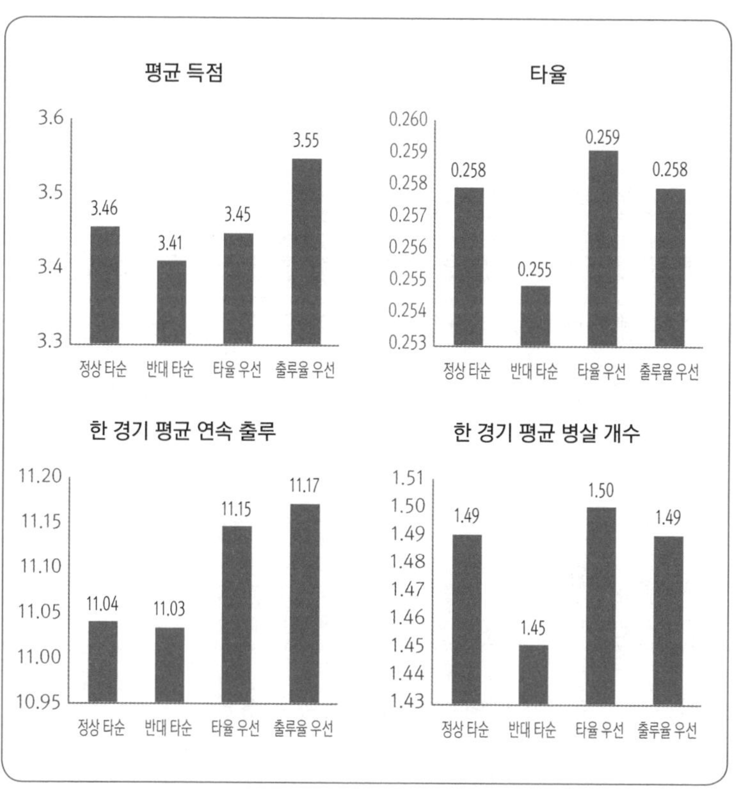

평균 연속출루 개수가 11.17로 가장 많았고(타율 우선 타순의 경우 11.15), 1.49의 평균 병살 개수는 1.49로 타율 우선 타순의 병살 개수(1.50)보다 낮았다. 타순의 기본 원칙 중의 하나가 27개의 아웃카운트 안에서 연속 안타를 최대화시키는 것이라고 할 때, 연속 출루 개수가 많고 병살 개수가 적은 출루율 우선은 경기당 평균

득점을 올리는 데 도움이 된다. 실제로 시뮬레이션을 이용한 타순별 평균 득점을 보면, 출루율 우선 타순의 평균 득점은 3.55로 타율 우선의 평균 득점인 3.45보다 0.1점이나 높다. 0.1점이 체감상 크게 느껴지지 않을 수도 있겠지만, 몇 경기 승패 여부로 포스트 시즌 진출 여부가 가려지는 팀에게는 큰 차이라고 할 수 있다. 실제로 2013년 포스트 시즌 진출을 놓고 2위를 다투었던 LG, 넥센, 두산의 경우 마지막 경기에서 최종 순위가 결정됐고, 정규 시즌 2위를 달성한 LG 트윈스와 3위인 넥센 히어로즈의 승차는 1게임, 3위와 4위였던 넥센 히어로즈와 두산 베어스와의 승차는 0.5게임에 불과했던 점은 한 경기의 중요성이 얼마나 중요한지 보여주는 대표적인 사례다.

지금까지 필자가 개발한 프로그램을 이용해 출루율 우선 타순이 팀의 득점력 향상에 도움이 된다는 결론은 얻을 수 있었다. 그렇다면 실제로 이범호 선수를 1번 타순에 넣고 최희섭 선수를 2번 타순에 배치한 출루율 우선 타순을 실전에 적용시킬 수 있을 것인가? 여기서 감독의 반응은 크게 두 가지로 나눌 수 있다. 대부분의 감독들은 이 결과는 시뮬레이션일 뿐이고 현실과 이상과는 괴리가 있다는 것을 내세워 그저 가볍게 지나가는 기삿거리로밖에 보지 않았을 것이다. 반면 어떤 감독들은 출루율이라는 지표의 중요성을 인식하고 향후 선수 기용과 선발 과정에서 과거보다 더 높은 비중을 두는 방식으로 사고의 방식을 변화시킬 것이다. 필자는 과거의 고정관념에 빠져 있지 않고 새로운 발견들을 현실에 적용시키는 감독들에게 더 많은 기회가 있다고 믿는다.

세이버메트릭스 - 야구에 대한 과학적인 접근

머니볼 이야기로 시작한 세이버메트릭스 이야기가 타순 시뮬레이션이라는 다소 생소한 이야기로 이어져 당황한 독자들이 있을 것이다. 중요한 것은 시뮬레이션에 대한 구체적인 사항이 아니라, 데이터를 이용해 최적의 타순을 찾으려는 세이버메트리션의 노력과 그들이 공유하고 있는 야구에 대한 철학이다.

감독의 감에 의지하지 않고 과학적인 분석을 추구하는 세이버메트릭스의 역사는 생각보다 꽤 오래 전까지 거슬러 올라간다. 세이버메트릭스의 기반이 되는 가장 오래된 야구 통계의 시작은 '야구의 아버지'라고 불리는 헨리 채드윅(Henry Chadwick, 1824-1908)이다. 그는 1845년 박스스코어라고 불리는 현대의 야구 기록 개념을 고안한 인물로 통계 분석을 통해 야구 경기를 객관적으로 평가해야 한다고 생각한 사람이며, 그가 도입한 타율이라는 지표는 그 이후로 선수의 공격력을 평가하는 핵심 지표가 되었다.

채드윅에 이어 세이버메트릭스라는 분야를 체계적으로 정립시킨 사람은 '세이버메트릭스의 아버지'라 불리는 빌 제임스(Bill James)이다. 경제학과 문학을 전공하고 식품공장의 야간 경비원으로 일하던 빌 제임스는 1977년에 《빌 제임스 야구 개요서(*The Bill James Baseball*)》라는 80쪽 분량의 책을 출판했다. 이 책에는 전 시즌 야구 기록에 대한 그의 분석이 포함되어 있는데, 이 분석에서 그는 기존에 우리가 잘못 해석하고 있는 야구 지표들을 바로잡는 작업을 했을 뿐만 아니라 선수들의 능력을 좀 더 잘 나타낼 수 있는 지표들을 제안하기도 했다. 현대 야구에서 타율보다 타자의 능력을 잘 나타내는 지표로 평가받는 OPS라는 지표 역시 빌 제임스의 뒤를 이은 피트 팔머(Pete Palmer)라는 세이버메트리션이 개발한 것으로, 세이버메트리션의 새로운 지표 개발은 야구를 이해하는 다양한 시각을 제공해왔다.

이렇게 많은 연구를 거듭한 세이버메트리션들과는 달리, 이들의 연구를 실제 팀 운영에 적용시키려던 시도는 그리 오래된 편은 아니다. 빌 제임스의 오랜 독자였던 상품선물 트레이더인 존 헨리(John W. Henry)는 1999년 플로리다 마린스를 사들여 세이버메트릭스를 적용시키려고 하였으나 구단 내의 정치적인 이유로 실패했다. 세이버메트릭스의 도입은 오랫동안 자신의 기득권을 유지해온 감독과 스카우터, 그리고 노장 선수들을 주요 의사 결정에서 배제하는 것과 마찬가지였고 이들의 반발로 인해 결국 구단주도 새 시스템을 마이너리그 팀에 적용하는 데 그쳐야 했다.

세이버메트릭스를 현장에 적용시키려는 또 다른 시도는 다트머스 대학과 하버드 로스쿨을 졸업한 샌프란시스코의 변호사 샌디 앨더슨(Sandy Alderson)이 1983년 오클랜드 애슬레틱스의 단장으로 오면서 시작됐다. 그는 야구 경기에서 수행되는 작전부터 경기 후 선수 평가에 이르는 모든 과정이 과학적 통계를 기반으로 이루어져야 한다고 생각했지만, 그 역시 여러 가지 이유로 자신의 방식을 마이너리그 팀에 적용시키는 것에 만족해야 했다. 하지만 1997년까지 오클랜드의 단장을 역임하면서 〈머니볼〉의 주인공 빌리 빈이 새로운 단장으로서 메이저리그 팀까지 세이버메트릭스를 접목시킬 수 있도록 하는 데 중요한 멘토 역할을 했다.

국내에서는 앞에서도 자주 언급했던 김성근 감독의 SK 와이번스가 세이버메트릭스를 적용시킨 성공사례로 자주 거론된다. 다른 구단에 비해 전력분석팀을 강화시켰던 김성근 감독이 SK를 3번이나 우승시키자, 다른 구단에서도 세이버메트릭스의 중요성을 본격적으로 인식하기 시작했고, 이제 대부분 구단이 전력분석팀을 강화하여 경기와 선수를 분석하는 데 많은 노력을 기울이고 있다.

그럼 세이버메트리션들은 어떤 지표를 이용해 선수들을 평가하는가? 이러한 지표에 대한 논쟁 역시 시대에 따라 조금씩 변해왔다. 가장 대표적인 논쟁은 〈머니볼〉에서 소개된 바 있는 타율과 출루율 간의 싸움이었다. 즉, 타율이 높은 선수가 좋은 타자인가, 출루율이 높은 선수가 좋은 타자인가에 대한 논쟁이다. 일반적으로 야구계의 오랜 통념은 타율이 높은 선수가 좋은 타자라고 생각하고 실제로 야구 중계에서 타자가 나올 때 자막에서 가장 먼저 나오는 지표가 타율이다. 하지만 빌리를 비롯한 많은 세이버메트리션은 출루율 높은 선수가 더 큰 가치가 있다고 보았다. 세이버메트리션의 주장은 야구라는 게임이 상대방보다 안타를 많이 친다고 승리하는 것이 아니라 상대방보다 득점을 많이 해야 이기는 게임이라는 관점에서 시작했다. 다시 말해 야구라는 것은 9회까지 총 27개의 아웃카운트 동안 상대팀보다 홈을 더 많이 밟아야 하는 게임으로, 홈을 많이 밟기 위해서는 일단 아웃을 당하지 않고 많은 선수들이 루상에 나가 있어야 하고, 선수들이 나갈 수 있는 확률을 나타내는 지표가 바로 출루율이라는 것이 세이버메트리션의 기본 논리다. 따라서 세이버메트리션은 안타를 많이 쳐서 출루율이 높은 선수이든 볼넷을 많이 골라 출루율이 높은 선수이든 그 내용에 상관없이 동등한 가치가 있다고 본다. 실제로 필자가 테스트한 앞의 타순 시뮬레이션에서도 출루율을 우선시한 타순이 타율을 우선시한 타순보다 더 많은 득점을 낼 수 있는 것으로 나타났다.

다행히 빌리가 오클랜드 단장을 하던 시절의 선수 트레이드 시장은 안타를 많이 친 선수들을 더 후하게 평가하는 고정관념에 빠져 있어 볼넷을 많이 걸러서 출루한 선수의 가치를 높게 평가하지 않았다. 이러한 시장 상황이 빌리 빈은 출루율 측면에서 저평가된 선수를 싼값에 살 수 있게 만들었다.

하지만 효과 없는 고정관념은 시간이 지나면 사라지고, 효과 있는 새로운 아이디어는 세상에 널리 퍼지는 법. 시간이 흐르면서 시장 역시 타율보다 출루율의 가치를 제대로 평가하기 시작했고, 과거와 달리 출루율이 높은 선수가 저평가되는 경우는 드물어졌다. 다시 말해 빌리의 성공 전략이 이제는 상대방을 압도할 만큼 유효한 전략이 아닌게 되어버렸다는 것이다. 타율과 출루율의 논쟁에서는 출루율이 승리했지만, 이제는 출루율과 다른 지표들 사이의 논쟁이 세이버메트리션의 새로운 과제가 되었다. 그 결과 타자의 경우 OPS[36)]가 출루율을 대신할 새로운 지표로, 투수의 경우 WHIP가 방어율을 대신할 성과 측정 지표로 사용되고 있다.

세이버메트리션의 연구는 비단 어떤 선수를 영입해야 하는지에 대한 객관적인 기준을 제시할 뿐만 아니라 선수들의 연봉을 산정하는 데도 이용된다. 세이버메트리션의 목표는 선수들의 실력을 객관적으로 측정하는 데에 있고, 이는 곧 연봉과 이적료 산정의 근거로 쉽게 이용될 수 있다. 야구 전문가들 사이에 많은 논란이 있었던 2010년 LG 트윈스의 신연봉제도 이러한 세이버메트릭스에 근거한 연봉 산정 시스템으로 주목받을 필요가 있다(자세한 내용은 '6회. 밸류에이션' 부분 참조). 전략과 연봉 산정 등 다양한 분야로 확대되고 있는 세이버메트릭스의 미래가 기대된다.

이닝 종료

조범현 감독의 6선발 시스템은 효과적이었나?

한국 프로야구의 대부분 구단은 5명의 선발 투수를 차례대로 등판시키는 5선발 로테이션 시스템을 사용한다. 많은 공을 던진 후 일정 기간 쉬어야 하는 선발 투수들의 회복 기간을 고려한 시스템이라고 할 수 있다. 하지만 2009년 KIA 타이거즈 조범현 감독은 6선발 로테이션 시스템을 들고 나왔다. 일주일에 6번 경기를 하는 국내 프로야구 일정을 고려할 때, 6선발 로테이션에서 선발 투수는 일주일에 한 번 등판하고 일주일을 쉬게 되므로 선발 투수가 충분히 체력을 비축한 상태에서 경기를 할 수 있는 장점이 있다. 공교롭게도 6선발 로테이션 시스템을 처음 적용한 2009년 KIA 타이거즈는 SK 와이번스를 누르고 한국 시리즈 우승을 차지했다.

하지만 조범현 감독이 6선발 시스템을 쓰겠다고 쉽게 결정한 것은 아니다. 선수층이 두텁지 못한 국내 프로야구의 특성상 경쟁력 있는 6명의 선발 투수를 확보하기 어렵고, 선발 투수가 일찍 무너졌을 경우 연패를 끊기 위해 불펜이 과부화될 위험이 높기 때문이다. 이러한 단점 때문에 많은 감독들이 6선발 시스템의 장점을 알고 있음에도 불구하고 대부분의 구단은 5선발 시스템을 사용하고 있다. 하지만 그마

저도 얇은 선수층 때문에 시즌 내내 5선발 시스템을 완벽하게 운영하는 팀도 많지 않다.

재미있는 것은 이러한 선발 투수 운영에 대한 감독들의 고민 역시 세이버메트릭스의 연구 대상이라는 점이다. 미국의 경우 한때 4선발 로테이션이 좋은지 5선발 로테이션이 좋은지에 대해 논쟁이 일어난 적이 있었다. 이 논쟁에 대해 답을 찾기 위해 미국의 대표적인 세이버메트릭스 전문가 집단인 베이스볼 프로스펙터스(Baseball Prospectus)의 연구 내용을 간단하게 살펴보자.[37)]

베이스볼 프로스펙터스 연구팀에서는 1972년 이후 3일 휴식(4선발 시스템)과 4일 휴식(5선발 시스템)으로 적어도 8선발 경기 이상을 등판한 175명의 투수들을 상대로 그들이 등판한 총 408시즌 데이터를 분석했다. 그 결과 3일 휴식 투수들이 4일 휴식 투수들에 비해 승률이 1.4%p 높았고 방어율은 2.4%p 낮았으며, 이닝당 홈런 허용률은 4.1%p 감소하는 등 조금 더 좋은 성적을 냈음을 밝혔다. 하지만 그 차이는 3%p 범위 내에서의 차이로 압도적으로 우수한 성적을 냈다고 단정짓기 어려운 수치다. 다시 말해 휴식 기간에 따른 투수들의 성적 차이는 크지 않다는 이야기다. 이러한 현상은 투수들의 피로가 심해지는 시즌 말미에 가서도 크게 바뀌지 않았다(표3-8).

표3-8 투수들의 3일, 4일 휴식일, 9~10월의 성적과 그 이전의 성적 비교

휴식일	평균실점(RA)	평균자책점 (ERA)	이닝당 안타 허용률(H/IP)	이닝당 홈런 허용률(HR/IP)	피안타율(AVG)
3일	97.8	93.6	100.5	98.6	100.2
4일	98.4	101.0	98.9	108.0	99.3

주: 100은 8월 이전의 성적과 같다는 것을 의미

이 연구팀은 투구수와 성적 간의 관계를 통해 다른 각도에서 이 문제에 접근했다. 그 결과 휴식일 간격은 투수들의 어깨에 무리가 되지 않지만, 피곤이 쌓였을 때 던지는 것은 매우 위험하다는 사실을 발견했다. 그리고 PAP(Pitcher Abuse Point, 투수 남용 점수)라는 개념을 통해 투구수와 성적에 대한 지표를 제시했다. 이 지표는 아래와 같이 정의된다.

PAP = (투구수-100)^3 투구수가 100개 이상일 경우

PAP = 0 투구수가 100개 이하일 경우

이 수식에 따르면 100개 이상의 공을 던질수록 PAP는 세제곱의 비율로 급격하게 증가함을 알 수 있다. 그리고 실제로 비슷한 경력을 가진 투수들의 데이터를 비교 분석해본 결과 누적된 PAP 수치가 높을수록 투수들이 부상당할 가능성이 높다는 사실을 발견했다. 다시 말해, 시즌 전체 또는 선수생활 동안 던진 공의 개수가 비슷하다고 할지

라도, 한 경기에 많은 공을 던져 PAP가 높다면 부상당할 확률이 높다는 것으로 해석할 수 있다.

이러한 베이스볼 프로스펙터스 연구팀의 결과를 종합하면 조범현 감독의 5선발 시스템이냐 6선발 시스템이냐는 기본적으로 투수들 성적에 기여하는 바가 크지 않다는 결론에 이를 수 있다. 대신 팀 투수들의 PAP 수치가 크지 않도록 투수를 운용할 수 있는 노하우가 중요하다고 볼 수 있다. 다시 말해 많은 이닝을 적은 투구수로 소화할 수 있는 투수들이 많다면 6선발 시스템이 효과적일 것이지만, 그렇지 않다면 5선발 시스템이 유리할 수 있다는 이야기다.

이러한 사례에서 알 수 있다시피 세이버메트릭스의 연구는 휴식일에 대한 소모적인 논쟁에서 벗어나 투구수 조절이라는 관점에서 문제를 바라볼 수 있는 새로운 시각을 야구계에 제시해줬다. 세이버메트리션의 연구를 잘 이용하면 기존의 고정관념에서 벗어나 새로운 시각에서 새로운 전략을 찾을 수 있는 기회가 더 많아질 것이다.

28), 29) Micheal Lewis, 《Moneyball: The Art of Winning an Unfair Game》, (W. W. Norton & Company, 2004)

30) 9! = 9×8×7×6×5×4×3×2×1

31) 잭 햄플, 문은실 역, 《야구 교과서》, (보누스, 2007)

32) Old Ball Game(http://blog.jinbo.net/keeprun/18)

33) Jonah Keri, 《Baseball between the Numbers》, (Basic Books, 2006)

34) 이러한 시뮬레이션 방법을 전문 용어로 몬테카를로 시뮬레이션(Monte-Carlo simulation)이라고 한다.

35) 한 시즌 동안 타순이 고정되어 있지 않는 이상, 정상 타순에 대한 팬들의 생각은 엇갈릴 수가 있다. 시뮬레이션을 위한 주변 KIA팬들의 의견을 최대한 반영했다.

36) OPS(On-base plus slugging): 루율과 장타율을 합친 지표로 OPS가 0.8을 넘으면 좋은 타자, 1.0을 넘으면 특급 타자로 평가한다. 2012년 기준 OPS가 1을 넘은 선수는 김태균(1.010)이 유일하며, 그 다음으로 강정호(0.973), 박석민(0.957), 박병호(0.954) 등의 선수의 OPS가 높다.

37) Jonah Keri, 《Baseball between the Numbers》, (Basic Books, 2006)

데이터 투자의 시대 - 퀀트

세이버메트릭스가 데이터로 야구를 분석하는 분야라고 한다면, 데이터를 이용해 투자하는 분야를 퀀트라고 한다. 퀀트라는 이름은 '계량적인'이라는 뜻을 가진 'quantitative'라는 단어의 앞 글자 'quant'를 의미하며, 공학적인 면을 강조할 경우 금융공학(financial engineering)이라는 이름으로 불리기도 한다. 대상이 되는 자산과 트레이딩 여부에 따라 세부적인 명칭은 달라지지만 숫자로 이루어진 계량 모델을 이용한다는 점에서 많은 공통점이 있다. 필자의 경우 주식을 전문적으로 분석하는 주식 퀀트 애널리스트(equity quant analyst)라고 구분 지을 수 있으며, 퀀트 모델로 외환을 거래하는 전문가를 외환 퀀트 트레이더(FX quant trader)라고 부를 수 있다. 국내에서도 《퀀트: 세계 금융시장을 장악한 수학천재들 이야기》[38], 《퀀트: 물리와 금융에 관한 회고》[39] 등의 번역서를 통해서 금융공학을 전공으로 하는 월스트리트 퀀트들의 실제 이야기들이 소개되기도 했다.

세이버메트릭스가 현대 야구의 중요한 한 축으로 자리매김하는 것과 같이 투자 분야에서도 데이터를 이용한 퀀트 투자에 대한 수요가 높아지고 있다. 투자가 대중화되면서 과학적 투자에 대한 투자자들의 수요가 높아졌고, IT 기술의 발전으로 대용량 데이터와 그 데이터를 분석할 수 있는 컴퓨터 성능의 발전이 퀀트 투자 수요가 늘어나는 데 큰 역할을 했다. 또한 퀀트 투자는 매니저의 직관적인 분석 능력에 의존하는 전통적인 투자 방법에 비해 비용이 싸다. 모델을 이용하는 퀀트 매니저의 경우 100억 원을 운용하나 1조 원을 운용하나 그 비용에는 큰 차이가 나지 않기 때문이다. 이번 회에서는 현대 투자에서 주목받고 있는 퀀트라는 분야를 소개함으로써 많은 시행착오를 겪어온 투자자들에게 데이터를 이용한 새로운 투자 방법을 제시하고자 한다.

퀀트 - 주식에 대한 과학적인 접근

퀀트 투자로 가장 유명한 투자자는 제임스 시몬스(James Simons)이다. 그가 1982년에 설립한 르네상스 테크놀로지(Renaissance Technologies)는 150억 달러 이상을 운용하는 헤지펀드로 연평균 20% 이상의 고수익률을 꾸준히 달성하는 세계 최고의 펀드라는 명성을 이어나가고 있다. 대부분의 운용사가 주로 투자를 뜻하는 'investment'라는 명칭을 이름의 일부분으로 쓰는데 반해 르네상스 테크놀로지는 기술을 뜻하는 'technology'라는 단어를 회사 이름에 사용하고 있다. 다른 투자 운용회사와 차별화되는 르네상스 테크놀로지의 회사 이름에는 과학적인 투자를 지향하는 제임스 시몬스의 퀀트 운용에 대한 철학이 담겨 있다. 그리고 이 철학은 MIT와 UC 버클리에서 수학을 전공하고 하버드에서 수학 교수를 했던 시몬스의 이공계 배경과 무관하지 않다. 실제로 르네상스 테크놀로지는 전통적인 투자 분야에서 선호하는 경제학이나 경영학 전공자를 채용하지 않는다. 대부분의 회사 직원은 수학, 물리학, 전산학, 통계학을 전공한 박사 등을 뽑으며, 이들은 대용량 컴퓨터와 프로그램을 통해 전 세계 금융시장에 투자한다.

이공계 전공이라는 이력은 유명한 퀀트들의 공통된 특징이기도 한다. 퀀트의 대부(代父)로 불리는 에드워드 오클리 소프(Edward Oakley Thorp) 또한 UCLA에서 물리학 박사 학위를 받고 MIT에서 수학을 가르쳤던 이공계 배경을 가지고 있다. 재미있게도 소프의 퀀트 경력은 카지노에서 돈을 벌기 위한 연구에서 시작됐다. 그는 '카지노에서는 절대 돈을 딸 수 없다'라는 지인의 말에 의문을 갖고 카지노 게임 중의 하나인 블랙잭[40)]의 게임 패턴을 컴퓨터로 분석해, 그 결과를 1961년 미국수학협회에 논문으로 발표했다. 《딜러를 이겨라(*Beat the Dealer*, 1962)》라는 책은 그 논문을 바탕으로 출간한 퀀트의 고전이다. 그는 카지노 게임을 확률 관점에서 분석함으로써 일반 도박사들이 간과하고 있는 블랙잭의 확률적 취약점을 이용하는 전략을 썼고, 실제로 카지노에서도 사용해서 짭짤하게 돈을 벌기도 했다. 소프는 카지노 게임을 분석한 방법을 금융시장으로 확장해 시장 수익률 이상의 초과수익률, 즉 알파를 찾는 방법을 연구했고, 그 내용을 《시장을 이겨라(*Beat the Market: A Scientific Stock Market System*, 1967)》라는 책으로 출간하기도 했다. 실제로 그가 세운 펀드는 29년 동안 연평균 20%의 수익률을 달성한 것으로 알려져 있다.

그렇다면 시몬스나 소프 같은 퀀트 투자가가 오랫동안 안정적인 수익을 낼 수 있는 비결은 무엇일까? 필자는 퀀트 투자자가 사용하는 모델들이 투자자가 겪게 되는 부정적인 심리 요인들을 상당 부분 제거할 수 있기 때문이라고 판단한다. 그렇다면 투자자들이 겪게 되는 심리적 어려움은 어떤 것들인가? 투자자들의 심리를 분석하는 행태재무학(behavioral finance)에서 제시하는 오류(trap)와 편견(bias)을 투자와 야구 사례를 통해 이해해보도록 하자.

● 대표성 편향(representative bias)

(야구 해설자) "저 선수 오늘 5번째 타석에 들어섰습니다. 3할 타율을 가진 선수인데 오늘 경기 4번의 타석에서 안타를 하나도 치지 못했습니다. 이번 타석에는 안타를 칠 확률이 어느 때보다 높습니다."

아마도 중계 해설자의 이 멘트는 그날 경기에서 안타를 치지 못한 타자가 9회 중요한 공격 시점에서 타석에 들어섰을 때 가장 많이 듣는 이야기일 것이다. 하지만 이 해설은 대표성 편견 중의 하나인 평균회귀 오류에 빠진 잘못된 해설이다. 매 타석마다 안타를 치는 확률은 독립사건이기 때문에 그 전 타석의 결과가 나빴다는 것이 그 다음 타석에 좋은 결과를 가져다주지 않는다. 점수를 내야 하는 팀의 팬 입장에서 그 선수를 응원하는 마음은 다른 어떤 타석보다 높겠지만, 그 기대감으로 저 선수에게 도박을 거는 것은 무모한 투자이다.

이런 상황은 주식투자에서도 많이 발생한다. 오르고 있는 주식보다 떨어지고 있는 주식을 더 사고 싶어 하는 개인투자자들의 특성은 '이미 많이 떨어졌기 때문에 이제는 올라갈 때다'라고 과도하게 기대하는 대표성 편향에 사로잡힌 대표적인 예이다.

● 기준점 오류(anchoring trap)

(야구 해설자) "그래도 저 선수, 고등학교 시절에는 평균 방어율 1점대를 기록한 적이 있는 특급 투수입니다. 비록 지금 슬럼프에 빠져 있지만 충분히 예전 모습으로 돌아갈 수 있는 가능성을 가진 선수입니다."

가장 처음 접하는 수치에 낚이게 되어 그 이후에 일어나는 사건들을 그 수치를 기준으로 판단하게 되는 오류이다. 프로구단에 지명되기 이전에 아무리 좋은 성적을 거두었다고 하더라도, 부상과 슬럼프 그리고 연습 부족 등으로 그 이전의 성적이 나오지 않으면 좋은 선수라고 보기 어렵다. 하지만 많은 사람들은 그 선수가 처음 기록했던 방어율 1점대라는 수치를 가지고 판단하는 오류를 범한다. 이 현상을 배의 돛(anchor)에 걸렸다는 의미로 앵커링(anchoring)이라고 한다.

주식투자의 경우 처음 매수한 가격에 집착하는 현상에서 기준점 오류를 찾을 수 있다. 매수한 종목을 팔아야 함에도 불구하고 맨 처음 샀던 가격까지 올라야 팔겠다는 투자자들의 매매행태는 비자발적인 장기투자로 이어지는 지름길이기도 하다. 손익분기점이 되는 매수가격에서 벗어날 수 있는 노력이 필요하다.

● **현상유지 편향**(status quo bias)

(오클랜드의 노장 코치) "빌리 당신이 출루율이 좋다고 하더라도 타율이 높은 타자가 결국 좋은 타자라는 내 생각에는 변함이 없어. 나는 이 바닥에서 30년 넘게 선수를 본 경험을 가지고 있다고…."

과거부터 해왔던 방식을 고수해 현상유지를 하려는 인간의 본능적인 속성에서 비롯된 편향이다. 출루율이 좋다는 빌리의 방식이 현실에서 증명되지 않았기 때문에, 그냥 자기가 오랫동안 해왔던 선발 방식대로 하는 것을 선호하는 오클랜드의 노장 코치의 모습은 일리가 있다. 변화에 따른 위험을 최소화하고 지금까지 안정된 시스템을 유지하고자 하는 경험으로 볼 수 있기 때문이다. 하지만 문제는 시대가 변하거나 더 좋은 방법이 있음에도 불구하고 기존 관념을 유지하는 경우이다. 이때 과거의 방식을 고집하는 것은 고정관념이라는 부정적인 뜻으로 해석될 수 있다. 〈머니볼〉의 주인공인 빌리와 피터 또한 오클랜드의 노장 코치들처럼 과거에는 타율이 더 중요한 지표라고 생각했을 가능성이 높다. 하지만 그들이 가지고 있는 고정관념을 바꾼 것은 객관적인 데이터를 이용한 세이버메트릭스였다. 세이버메트릭스가 보여준 객관적인 데이터들을 통해 그들은 타율에 대한 고정관념을 깰 수 있었고, 이를 통해 여전히 고정관념에 빠져 있는 다른 팀들을 상대로 훨씬 우수한 성적을 올릴 수 있었다.

투자자들 또한 사람인 이상 투자 판단에 있어 다양한 고정관념에 의해 영향을 받는다. 투자 경험이 많은 기관 투자자들이라고 할지라도 투자 판단의 주체가 포트폴리오 매니저라는 사람인 이상 어느 정도는 자신만의 편견에 사로잡힐 수밖에 없다. 1,000원짜리 주식이 1만 원짜리 주식보다 싸 보인다는 이유로 1,000원짜리 주식을 사는 초보 개인투자자들의 흔한 고정관념에서부터 시작해, 1930년대 개발된 엘리엇 파동이론[41]과 가치주·성장주의 구분법을 21세기에도 아무런 비판 없이 시장에 적용하려고 하는 시도 또한 이러한 고정관념에 사로잡힌 대표적인 사례라고 볼 수 있다. 퀀트 투자의 장점은 이러한 투자자들의 고정관념을 객관적인 데이터와 모델을 통해 현재도 유효한지 검증해볼 수 있도록 도와준다.

● **과도한 자신감(overconfidence trap)**

(야구 해설자) "특급 투수 출신인 감독이 오히려 투수를 더 잘 알 겁니다."

이 오류는 자신이 어떤 특정 분야에 대해 많은 것을 알고 있다는 확신이 지나쳐 과도한 자신감을 갖게 되는 경우를 말한다. 이러한 오류에 빠지면, 자신이 잘 알고 있다고 생각하는 분야에 대해서 다른 사람의 의견을 들으려 하지 않을 뿐만 아니라 자신의 방식을 다른 사람에게 강요해 팀 전체에 역효과를 가져올 가능성이 높다. 그래서인지 선수로 성공했지만 감독으로 실패한 사례를 야구를 비롯한 많은 스포츠에서 쉽게 발견할 수 있다.

주식투자에도 과도한 자신감이 가져오는 부작용을 심심치 않게 볼 수 있다. 자기가 일하고 있는 회사에 대해 누구보다 잘 안다고 생각하고 자기 회사 주식에 많은 돈을 투자한다던가, 최근에 이익을 보았던 종목에 다시 투자해 손해를 보는 현상들 모두, 해당 주식에 대해 필요 이상으로 확신을 가지는 투자자들의 심리적 오류 때문이다.

지금까지 야구팬과 투자자들이 겪을 수 있는 다양한 심리적 오류와 편향들을 살펴봤다. 안타깝게도 이와 같은 심리적 오류들은 야구 감독과 매니저가 사람인 이상 겪을 수밖에 없는 오랜 진화의 결과물이기도 하다. 따라서 냉철한 이성으로 이러한 심리적 오류를 이겨내 실수를 줄이는 것이 야구 경기와 투자에서 실패하지 않기 위한 확실한 방법이고, 퀀트 모델은 투자자들이 투자 중에 겪게 되는 심리 변화를 숫자라는 객관적인 지표를 통해 미리 차단함으로써 실패 가능성을 줄일 수 있다.

그렇다면 퀀트 모델을 이용한 투자를 하기 위해서는 앞에 언급한 퀀트의 대가들처럼 수학과 통계, 그리고 컴퓨터 등의 전문 분야를 섭렵해야 하는가? 당장 퀀트들이 즐겨 쓰는 효율적 시장가설, 알파(alpha), 블랙숄즈모형(Black-Scholes model), 브라운 운동(Brownian motion), 차익거래(arbitrage), 팻테일(fat tail) 등의 용어를 듣다 보면 빌리와 피터의 이야기를 듣고 이해하지 못하는 〈머니볼〉의 오클랜드 코치가 된 기분이 드는데 말이다.

하지만 겁먹을 필요는 없다. 이 책의 목적은 초보 개인투자자들이 퀀트 투자 모델을 직접 만들어보는 것이 아니라, 퀀트 전문가들이 분석한 결과들에 관심을 기울이고 그들이 추천하는 투자 전략을 현실에 응용할 수 있는 새로운 시각을 소개하는 것이기 때문이다. 실제로 빌리가 오클랜드에 적용했던 '출루율 우선' 전략은 피터와 같은 세이버메트릭스 전문가들이 테스트한 결과를 바탕으로 수립된 것이지 빌리가 직접 컴퓨터 앞에서 데이터와 씨름을 하면서 얻어낸 결과가 아니다. 그럼에도 빌리의 중요성이 언급되는 이유는 그가 세이버메트리션이 제안한 객관적인 테스트 결과의 본질을 깨닫고 현실에 적용했다는 실천력에서 찾을 수 있다.

퀀트를 활용한 투자 전략 - 스타일 투자

그렇다면 실제 퀀트 모델이 주식투자에 어떻게 적용되는지 [표 4-1]의 예를 통해 알아보도록 하자.

A, B라는 두 주식이 있다. 다른 모든 조건이 동등하다고 했을 때, 두 주식 중에 하나를 사야 한다면 어떤 주식을 사는 것이 더 높은 수익률을 기대할 수 있을까? 두 주식 모두 시가총액은 비슷해서 대형주·소형주에 따른 규모는 없다고 볼 수 있다. 두 주식의 차이점이라면 A주식의 PER은 8.1배로 시장 평균(10.0배)보다 낮은 반면 순이익 증가율 5.3%는 시장 평균(5.5%)과 유사해 가치주의 특성을 갖고 있다고 볼 수 있다. 반면 B주식의 경우 PER(10.2배)은 시장 평균과 비슷한 반면 순이익 증가율은 51.6%로 매우 높아 성장주로 분류할 수 있다. 즉, A, B 두 주식

표4-1 저 PER주와 고성장주 비교

구분	시가총액	PER	순이익 증가율	특성
A주식	2,120억 원	8.1배	5.3%	저 PER주
B주식	2,017억 원	10.2배	51.6%	고성장주
시장 평균		10.0배	5.5%	

주: 12개월 예상 PER, 12개월 예상 순이익 증가율 기준

중 어떤 주식을 사야 하는가의 문제는 가치주와 성장주 중 어떤 주식을 사야 하는가의 문제로 바꿔 생각할 수 있다.

개인 고객을 대상으로 한 강연에서 필자가 이 질문을 던져보면 대다수의 투자자들은 성장주인 B주식을 사겠다고 대답한다. 그렇다면 성장주의 수익률은 좋은가? 퀀트 애널리스트인 필자는 이 질문에 대한 답을 찾기 위해 2004년부터 코스피200 구성종목 중 PER이 낮은 종목 20%로 구성된 저 PER 포트폴리오와 PER이 높은 종목 20%로 구성된 고 PER 포트폴리오, 그리고 EPS 증가율이 높은 20% 종목으로 구성된 고성장주 포트폴리오와 EPS 증가율이 낮은 20% 종목으로 구성된 저성장주 포트폴리오를 매월 말마다 재구성해(리밸런싱) 각 포트폴리오의 수익률을 추적했다.[42)] 그 결과는 대다수의 개인투자자들의 예상과 달랐다. [그래프4-1]의 저 PER주(가치주) 포트폴리오는 벤치마크를 초과한 수익률을 달성해왔지만, [그래프4-2]의 고성장주 포트폴리오는 벤치마크보다 조금 낮은 수익률을 기록해 저조한 성과를 보여줬다. 이와 같은 필자의 객관적인 테스트 결과를 받아들인 투자자라면 성장성이 높은 B주식보다 PER이 낮은 A주식을 사는 방향으로 투자전략을 바꿀 것이다.

그래프4-1 PER 포트폴리오 성과

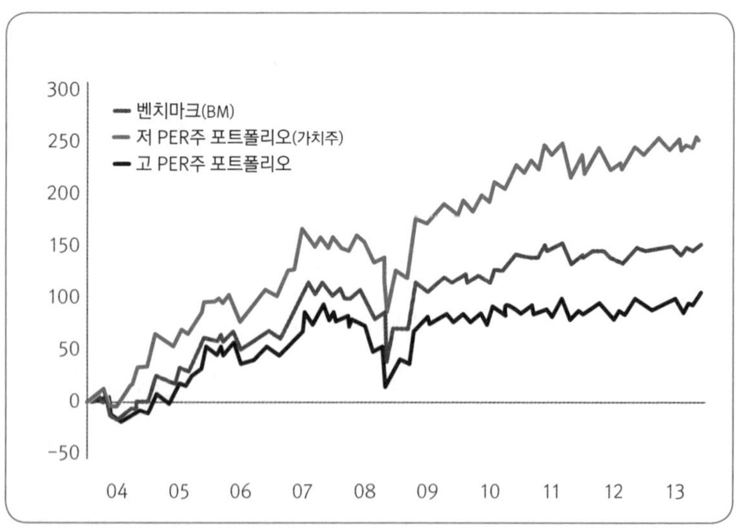

자료: 한국투자증권

그렇다면 고성장주 포트폴리오의 성과가 저조한 이유는 무엇인가? 그것은 많은 투자자들이 높은 성장률에 과도하게 매료되어 원래 가치보다 높은 가격에라도 고성장 종목을 사려는 심리적 성향이 반영되었기 때문이다. 이러한 현상은 높은 성장률로 괄목할 만한 경제 성장을 이룬 국내 투자자들에게서 더욱 두드러지게 나타난다. 부작용이 많아도 일단 높은 성장률을 달성하겠다는 공약을 내는 정치가에게 표를 주는 유권자가 많은 것도 이러한 성장 지상주의에 매료된 국내 투자자들의 성향을 보여주는 대표적

그래프4-2 성장주 포트폴리오 성과

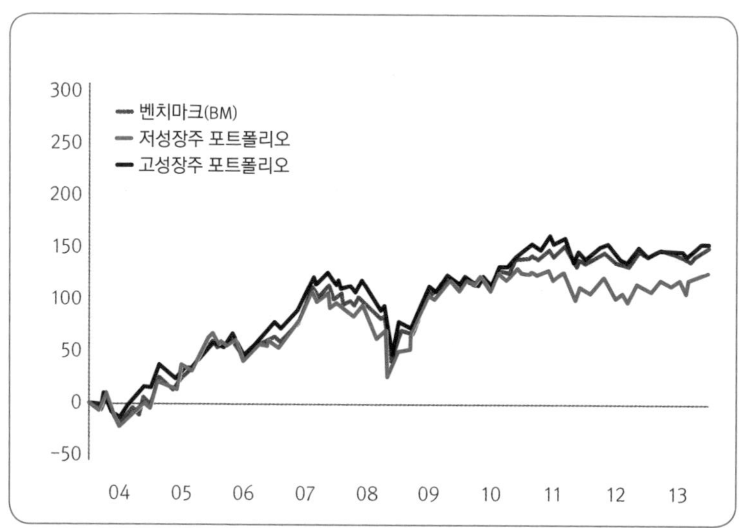

자료: 한국투자증권

인 사례라고 할 수 있겠다. 현명한 투자자라면 '성장주'란 단어에 두근거리는 가슴의 신호보다 '가치주'가 과거에 보여준 객관적인 데이터에 반응하는 차가운 이성의 신호에 더 주목할 것이고, 그래야만 한다.

퀀트 투자는 마법의 무기인가?

퀀트 투자를 이용한 실제 사례들을 보다 보면 투자자의 감에 의지하는 투자보다 훨씬 체계적이고 과학적인 투자처럼 보인다. 그렇다면 인류의 생활 패턴을 마법과 같이 바꾼 21세기 과학기술의 발전처럼, 퀀트를 이용한 투자는 높은 수익률을 가져다줄 수 있는 마법의 도구인가?

안타깝게도 롱텀캐피털매니지먼트(LTCM, Long-Term Capital Management)의 파산은 이 질문에 부정적인 답을 줄 것이다. 1990년대 세계 최대 헤지펀드였던 LTCM은 살로먼브러더스 부사장 출신의 존 메리웨더가 설립한 회사로, 옵션평가 모형으로 유명한 블랙숄즈(Black-Scholes-Merton) 공식의 숄즈(Myron Scholes)와 머튼(Robert C. Merton)과 같은 노벨상 수장자들을 비롯한 그 당시 세계에서 내로라하는 수재들이 모인 곳이었다. LTCM은 주로 채권의 금리 스프레드를 예측하는 금융공학 모델로 수익을 냈는데, 펀드 설립일 이후 1997년까지 연 28~59%의 높은 수익률을 달성해 운용자산이 25억 달러까지 증가했다. 그렇지만 1998년 석유 가격의 지속적인 하락으로 러시아가 모라토리엄(지불유예)을 선언하면서 LTCM은 큰 손해를 입으며 파산에 이르렀다.

노벨상 수상자를 비롯한 세계 석학들이 모였음에도 불구하고 LTCM은 왜 파산을 할 수밖에 없었을까? 사실 LTCM의 투자 모형은 상당히 과학적이면서 합리적이었고, 실제로 파산의 원인이 되었던 러시아의 모라토리엄 선언 이전까지 높은 수익률을 달성했다. 하지만 그들이 간과했던 것은 바로 모라토리엄과 같은 예측 불가능한 사건들이 발생할 확률이 거의 없다고 생각한 것이었다. 다시 말해 금융 시스템이 제대로 작동하는 정상적인 시장에서는 퀀트 모델이 안정적이고 높은 수익을 가져다줄 수 있지만, 시스템 붕괴 상황에서는 오히려 예상과 달리 치명적인 손해를 입힐 수 있다. 아무리 막강한 화력을 가진 미국이라도 게릴라전과 같은 비정규전에서는 제대로 힘을 쓰지 못해 패배했던 베트남전은 상식적인 것이 비정상적인 상황에서는 작동되지 않는다는 것을 보여주는 가장 대표적인 사례라고 할 수 있겠다. 만약 러시아 모라토리엄 사태가 발생하지 않고 정상적인 시장이 계속 유지되어 왔다면 LTCM은 지금까지도 계속 큰돈을 벌고 있을 것으로 필자는 확신한다.

하지만 문제는 이러한 비이성적인 시스템 붕괴가 생각보다 자주 일어난다는 것이다. 우리나라의 경우 1997년 외환 위기, 2002년 카드사태, 2008년 금융 위기 등 시장에서 크게 고려하지 않았던 사건으로 금융 시장이 요동치는 사건들을 몇 년 주기로 겪고 있다.

그렇다면 이런 사건들을 금융공학 모델에 넣으면 되지 않는가? 안타깝게도 이러한 위기들은 대부분 전혀 예상하지 못한 다른 경로에서 발생하고, 그 빈도 또한 언제 발생할지 예측할 수 없기 때문에 사실상 모델에 넣기가 불가능하다. 우리가 세이버메트릭스를 이용해 우수한 선수를 뽑는 과정은 기본적으로 그 선수가 평소와 같다면 이 정도 성적을 낼 것이다라고 예측하는 것이지, 그 선수가 부상을 당한다든가, 사귀던 애인과 헤어진 충격으로 부진에 시달린다든가, 또는 감독과의 불화로 인해 출전 기회를 잡지 못한다는 것과 같은 요소들까지 모델에 반영할 수는 없다.

그렇다면 무엇 때문에 이러한 선수들의 고유 특성들을 모델에 반영할 수 없는가? 그건 선수들의 삶이라는 것이 합리적으로 이루어지지 않는 비과학적인 영역이기 때문이다. 마찬가지로 금융시장도 숫자로 이루어지기 때문에 과학적으로 보이긴 하지만, 투자에 대한 판단은 사람이 내리는 것이기 때문에 비정상적인 현상들이 자주 발생한다. 만류인력의 법칙을 만든 아이작 뉴턴이 "나는 천체의 움직임을 계산할 수 있지만, 인간들의 광기는 결코 계산할 수 없다"라고 말한 점은, 사람들이 판단으로 이루어지는 금융시장을 합리적으로 보고 합리적으로만 판단하는 퀀트 모델을 적용시키는 것이 얼마나 위험한 일인지 단적으로 나타내는 예이다.

하지만 LTCM과 같은 퀀트 투자의 실패 사례가 있다고 해서 이 방법이 좋지 않다고 말할 수는 없다. 사람들의 기억 속에 잊혀져 버린 많은 실패 사례들은 퀀트 기법을 이용하지 않는 경우가 많기 때문이다. 일부 실패 사례 때문에 퀀트 투자를 기피하는 것은 구더기가 무서워 장을 못 담그는 상황과 같다. 원아웃 만루에서 이대호 선수가 병살을 쳤다고 해서, 류현진 선수가 만루 홈런을 맞았다고 해서 이 선수들이 한순간에 믿을 수 없는 선수가 되지 않는 것처럼, LTCM의 실패 사례 이면에는 르네상스 테크놀로지를 비롯한 수많은 퀀트 펀드들의 성공 사례가 있다는 것을 간과해서는 안 된다.

이닝 종료

광고에서 찾는 퀀트에 대한 오해들

국내 프로야구에서 세이버메트릭스를 이용한 팀 운영이 늘어나는 것과 같이 국내 자산운용 시장에서도 퀀트 또는 금융공학에 대한 관심이 빠른 속도로 증가하고 있다. 이러한 현상은 과학적인 방법으로 투자를 하고자 하는 투자자들의 요구가 증가했기 때문이기도 하지만, 실제 르네상스 테크놀로지와 같은 다양한 퀀트 펀드들이 안정적이면서 높은 성과를 보여줬기 때문이다. 아직 국내에서도 퀀트를 이용한 운용 자금의 규모는 크지 않지만 앞으로 가장 크게 성장할 운용 분야인 점은 분명하다. 필자는 개인적으로 퀀트 운용 상품이 많아져 투자자들이 어떤 상품을 골라야 할지 고민되는 시기가 빨리 도래했으면 한다. 만약 그 시기가 온다면, 어떤 기준으로 퀀트 운용사를 골라야 할까? 필자라면 아래 3가지 중 하나를 가지고 대대적으로 광고하는 퀀트 운용사는 주의해야 한다고 생각한다.

●우리는 1만 개의 경제 지표를 이용한 복잡한 모델을 사용합니다!

필자가 가장 싫어하는 방식의 광고이다. 행태재무학적 용어로는 데이터 마이닝 바이어스(data mining bias), 사자성어로 이야기하면 다다익선(多多益善)의 오류에 빠졌을 가능성이 높은 퀀트 운용사이다.

많은 지표를 볼수록 더 좋은 모델을 만들고 더 높은 수익률을 얻을 수 있다는 철학에 바탕을 둔 광고 문구다. 아마도 많은 독자들은 이 광고에서 특별한 문제점을 찾을 수 없을 것이다. 고객의 높은 수익률을 위해 많은 지표를 보는 것이 무엇이 잘못된 건가?

우리는 여기서 산업화 이전 시대와 정보화 시대의 차이점을 알아야 한다. 인류는 농경 시대와 산업화 시대를 통해 열심히 일할수록 더 많은 결과를 얻어낼 수 있다는 교훈을 체감적으로 깨닫고 교육이라는 매개를 통해 후세에 전달해 왔다. 실제로 이 시대에는 남들보다 더 일찍 일어나 밭을 갈고, 다른 공장보다 더 많은 시간 기계를 돌려 생산량을 늘리는 것이 가장 안전하고 확실한 성공의 지름길임이 분명하다. 특히 우리나라의 산업화를 이끌었던 6·25전쟁 이후 세대의 근면 성실함은 지금의 우리나라를 있게 한 중요한 원동력이었음을 부인할 수 없다.

하지만 투자라는 것은 이러한 농경·산업 시대의 철학이 작동하기보다는 정보 가공 능력을 필요로 하는 정보화 시대의 철학으로 작동하는 분야이다. 이 분야에서는 정보의 양보다 정보의 질이 더 높은 성과를 가져다주며, 근면성실함보다는 창의성이 높은 가치를 지닌다. 따라서 퀀트 운용사에 돈을 맡기는 투자자들이 살펴보아야 할 매니저의 능력에는 창의성이 최우선 순위가 되어야 한다. 그런 면에서 1만 개의 지표를 이용했다는 점을 강조하는 운용사는 창의성보다는 근면성실함을 우선시하는 철학을 강조하는 회사일 가능성이 높다. 필자라면 이런 운용사보다 오히려 5~6가지의 지표만을 이용해 독창적인 투자를 할 수 있는 운용사에게 돈을 맡길 것이다.

●우리는 저희 모델을 1980년까지 테스트해보았습니다!

이 광고는 긴 기간을 대상으로 테스트한 모델이 더 좋은 성과를 가져다준다는 타임 피어리어드 바이어스(time period bias)에 빠져 있다. 이 편견 역시 앞에 말한 데이터 마이닝 바이어스와 같은 맥락에서 이해할 수 있다. 1개월보다 1년을 테스트한 모델의 신뢰성이 높은 것은 사실이지만 필요 이상으로 긴 기간을 테스트하면 오히려 시장 환경이 변하는 것을 따라가지 못하는 모델이 된다. 이런 시장환경의 변화를 전문 용어로 패러다임 시프트(paradigm shift) 또는 레짐 체인지(regime change)라고 한다.

우리나라 주식 시장의 경우 외환 위기(1997년), 카드사태(2003년), 리먼사태(2008년)를 기점으로 총 4개의 굵직한 국면으로 나눌 수 있다. 이 사건들이 중요한 변곡점이 됐던 이유는 이 사건들을 기점으로 주식 시장이 돌아가는 메커니즘이 크게 바뀌었기 때문이다. 외환 위기를 기점으로 국내 증시에 외국인들의 영향력이 달라졌고, 카드사태 이후로 신용 시장이 팽창되었으며, 리먼사태를 기점으로 글로벌 경제의 뉴노멀(new normal) 현상이 가속화되고 있는 점들이 이 사건들이 가지는 의미라고 할 수 있겠다. 다시 말해 외환 위기 이전에 잘 맞았던 모델은 외환 위기 이후에 잘 맞지 않았던 경우가 많고, 금융 위기 이전에 잘 맞았던 모델은 그 이후에 잘 맞지 않을 확률이 높기 때문이다. 따라서 이러한 시장 변화를 언급하지 않고 가장 긴 기간 동안 테스트했다는 것을 광고하는 퀀트 운용사라면 시장 변화와 퀀트 모델의 본질을 제대로 이해하고 있지 못하는 회사일 가능성이 높다.

●숫자는 신(神)입니다. 믿으세요!

퀀트 운용에 대한 관심이 높아지면서 숫자 그 자체를 맹목적으로 신뢰하는 경우도 많아지고 있다. 심지어 국내 모 금융사는 0부터 9까지의 열 개의 숫자를 신(神)으로 미화하는 광고를 통해 계량화된 모델을 사용하는 것이야말로 불확실한 금융 시장 속에서 가장 경쟁력 있는 회사라고 주장하기도 한다.

하지만 모든 것을 숫자로 판단하는 것은 매우 위험한 발상이다. 앞서 여러 사례를 통해 말했다시피 퀀트 모델은 투자자들이 최종 판단을 객관적으로 할 수 있게 만들어주는 하나의 도구지 마법의 도구가 아니기 때문이다.

퀀트 운용을 운전에 비유하면 이해가 빠를 것이다. 여기서 자동차는 퀀트 모델, 운전자는 퀀트 매니저이다. 포뮬러원(F1)과 같은 자동차 경주에서 좋은 성적을 내기 위해서는 성능 좋은 자동차(머신)뿐만 아니라 그 자동차를 충분히 다룰 수 있는 레이서의 역할 또한 중요하다. 그리고 좋은 레이서는 민첩한 운전 실력뿐만 아니라, 자동차의 장단점을 파악해 기술자에게 수정을 의뢰할 수 있는 능력 역시 필요하다. 마찬가지로 좋은 퀀트 모델만 가지고 있다고 광고하는 퀀트 운용사는 좋은 차만 광고하는 반쪽짜리 레이싱팀일 가능성이 높다. 레이서(매니저)가 누구인지도 눈여겨볼 수 있는 투자자의 안목이 필요하다. 숫자는 신(神)이 아니다.

38) 스캇 패터슨, 구본혁 역, 《퀀트: 세계 금융시장을 장악한 수학천재들 이야기》, (다산북스, 2011)

39) 이매뉴얼 더만·권루시안 역, 《퀀트: 물리와 금융에 관한 회고》, (승산, 2007)

40) 블랙잭은 세계의 카지노에서 가장 널리 행해지는 플레잉카드 게임이다. 카드의 합이 21을 넘지 않는 한도 내에서 딜러와 겨루어 숫자가 높으면 이기는 게임이며, 카지노에 따라 다양한 규정이 있다. 블랙잭의 인기의 비결은 기회, 기술, 그리고 아직 카드패가 돌려지지 않았을 때, 전략을 짤 수 있다는 점에서 찾을 수 있다.

41) 미국의 엘리엇(Ralph Nelson Elliott)이 1938년 《파동이론(The Wave Principle)》이라는 저서를 통해 발표한 이론으로 주가의 변동은 상승 5파와 하락 3파로 움직이며 끝없이 순환하면서 시장의 추세를 이어간다는 것이 이 이론의 주요 내용이다.

42) 안혁, 〈Quant Lab〉, (한국투자증권, 2013. 10. 28)

세이버메트릭스를 이용한 실전 퀀트 투자

기록의 이해

야구는 기록의 스포츠다. 스탯으로 불리는 선수 개인의 기록은 한 선수의 역사다. 이 기록들을 통해 야구팬은 어떤 선수의 타율이 얼마이고 몇 년도에 몇 개의 홈런을 쳤는지를 기억하며 자신의 야구 지식을 뽐내기도 한다. 특히 필자처럼 사회인 야구를 하는 야구인들이라면, 주말 경기 이후에 사회인 야구 홈페이지에 올라오는 야구 기록을 보는 즐거움이 꽤나 솔솔한 재미이기도 하다. 하지만 이런 야구 기록들은 프로야구 감독과 전력분석원들에게는 재미가 아닌 생존을 위한 데이터이다. 경기에서 이기기 위해 상대방의 기록을 분석하고 그에 맞는 작전을 짜는 것은 마치 전쟁에 나가는 장수들의 치열한 두뇌싸움과 흡사하다.

주식투자 역시 야구와 같이 많은 기록이 생산되고 데이터 분석을 필요로 한다. 주가 차트는 과거부터 이어온 주가의 역사이며, 재무제표는 한 시즌 동안 기업 성과의 기록물이다. 기업들의 이익과 주가를 예측하는 애널리스트와 실제로 투자를 결정하는 포트폴리오 매니저 역시 기록으로 이루어진 다양한 데이터를 활용한다. 투자자마다 공개하지 않는 데이터 활용 방법의 노하우는 다른 투자자들보다 더 나은 수익을 얻기 위한 투자자들 간의 치열한 싸움을 위해서이다.

적을 알아야 이길 수 있다는 것은 병법의 기본이다. 야구와 주식에서 기록과 데이터는 결국 적을 알기 위한 기본이자 시작점이다. 이번 회에서는 야구와 주식투자 모두에 중요한 기록과 그 기록을 이용한 데이터 활용방법에 대해 자세히 알아보고자 한다.

야구가 전 세계적인 스포츠가 되기 어려운 이유

2008년 베이징 올림픽을 마지막으로 야구가 정식 종목에서 제외된 사실은 우리나라를 비롯한 야구를 즐기는 나라 팬들에게는 의아한 일이다. 그래서일까? 2012년 런던올림픽은 금메달 13개로 종합 순위 5위라는 우수한 성적을 올린 우리나라 대표팀의 선전에도 불구하고, 9전 전승으로 남자단체 구기종목 사상 처음으로 금메달을 목에 걸었던 베이징 올림픽이 주었던 감동에는 미치지 못했던 것 같다. 야구팬이 많은 우리나라 사람들의 머릿속에는 런던 올림픽 때 땄던 많은 종목들의 금메달보다 베이징 올림픽 야구 결승전에서의 정대현 선수의 마지막 병살타를 유도한 장면이 더 생생하게 기억날 것이다.

그렇다면 야구는 왜 올림픽 정식 종목에서 빠졌을까? 표면적으로 나타난 가장 대표적인 이유는 야구가 대중화되어 있는 국가가 우리나라를 비롯해 미국, 일본, 대만, 중국, 쿠바 등 일부 국가에 국한되어 있기 때문이라고 한다. 하지만 일부 국가에 편향되어 있는 종목이 비단 야구뿐만은 아닐 것이다. 사격, 양궁, 승마와 같은 종목은 실제 생활 스포츠로 널리 알려진 배드민턴과 달리 대중적인 스포츠는 아니다.

일부에서는 야구는 비용이 많이 들기 때문에 대중화가 어려운 점을 지적한다. 야구 경기를 하기 위해서는 포수 장비를 비롯한 배트, 베이스, 공 등 각종 장비와 소모품들이 어느 정도 갖춰져야만 한다. 물론 글러브, 모자를 비롯한 유니폼, 헬멧, 야구화 등의 개인 장비들은 필수다. 반면 축구는 공 하나만 있으면 남극과 아프리카 등 전 세계 어느 곳에서나 경기를 할 수 있다. 심지어 군대에서는 공 두 개를 던져 주고 하는 변형된 축구도 할 수 있으며 좁은 장소에서는 풋살, 족구 등도 할 수 있다. 적은 비용으로 쉽게 즐길 수 있는 축구에 비하면 야구에 드는 비용은 높은 편이다. 하지만 비용이 야구를 정식종목에서 제외시키기 위한 이유가 될 수 없다고 생각한다. 선수당 비용을 따져보면 오히려 승마나 요트 등의 종목이 더 비쌀 수 있다.

야구가 정식 종목에서 탈락된 또 다른 그럴듯한 이유로 기후적인 측면을 제시하기도 한다. 우선 야구는 비가 많이 오거나 추운 나라에서 하기 힘든 운동이다. 설령 런던 올림픽 때 야구가 정식 종목이었다고 하더라도 비가 자주 오는 런던이었다면 제대로 진행하기에 많은 애로사항이 있었을 것이다. 야구가 활성화된 우리나라에서도 비는 여전히 야구팬들을 애간장 태우는 불청객이고, 돔구장 건설에 대한 요구가 많은 이유이기도 하다. 또한 정적인 상태로 대기하고 있다가 순간적으로 빠르게 움직여야 하는 야구는 추운 날씨에서 할 경우 몸에 심하게 무리가 올 수 있다. 그래서 프로야구팀의 동계훈련은 미국 플로리다나 일본 오키나와와 같이 따뜻한 지역에서 한다. 하지만 기후적인 것이 정식종목 제외의 중요한 이유가 되지는 않을 것이다. 기후가 정말 중요한 이슈라면 동계 올림픽 종목은 기본적으로 눈이 오지 않는 지역 국가들에게 불평등하므로 열려서는 안 되는 스포츠 이벤트가 되기 때문이다.

필자는 지금까지 언급한 이유들이 야구를 올림픽 정식 종목에서 탈락시킬 만큼 치명적인 이유라고 생각하지 않는다. 그렇다면 야구는 왜 올림픽 정식 종목에서 제외됐을까? 필자는 야구의 복잡한 규칙에서 답을 찾고자 한다. 다시 말해 야구를 접해볼 기회가 많지 않은 유럽인 중심의 IOC위원들에게 야구가 왜 재미있는지 짧은 시간에 설명하기 어려웠다는 것이다. 베이징 올림픽 때 IOC위원들과 동행했던 한 일본인 관계자의 이야기를 살펴보자.[43)]

올림픽에서 한창 야구경기 존속이 위태로웠던 시절에 MLB(메이저리그)와 NPB(일본야구기구)는 IOC임원들을 초청해 야구장 귀빈석에 앉힌 뒤 경기를 관전시키면서 야구가 얼마나 흥미진진한 경기인지, 그리고 올림픽에서 야구가 개최되는 것이 IOC에게도 얼마나 이익인지에 대해 역설한 적이 있었다. 하지만 IOC임원들의 반응은 시큰둥하였다. 야구경기가 가져다주는 스폰서 자금이라고 하는 눈에 보이는 이득에 대해서는 그들도 납득을 했을 터이다. 그래서 더더욱 MLB선수 참가를 야구경기 존속의 최대조건으로 내세웠으니 말이다. 그런데 정작 중요한 야구라는 경기를 그들은 '이해'하지 못한 것이다. 그 당시 비공식적인 코멘트로 '이 정도면 크리켓이 더 재미있다'고 투덜댄 IOC임원이 있었다는 사실을 관계자로부터 들은 적이 있다. 어차피 'IOC임원 = 유럽인', 즉 적어도 넥타이를 매고서 냉방이 잘 되는 방 안에서 경기를 관전하는 사람들에게 야구를 재미있다고 느낄 정도의 감성은 대체로 없다고 봐야 한다. 물론 유럽에서도 야구는 실시되고 있다. IBAF(국제야구연맹)에 따르면 약 40개국이 가입되어 있으며 유럽만의 독자적인 대회도 개최되고 있다고 한다. 21세 이하의 학생야구조직도 있다. 그런데 안타깝게도 그 층이 결코 두텁다고는 할 수 없다. 프로야구조직도 아직 없다. 실례를 무릅쓰고 감히 말하자면 일본에서도 크리켓을 하는 사람들이 있는데 야구가 딱 그 정도의 인지도라고 할 수 있을 것이다. 그리고 IOC는 다양한 경기의 발전 및 육성을 촉구하는 기관이 아니다. 결국에는 비즈니스 차원에서 올림픽을 운영하는 단체인 것이다. 그들의 입장에서는 UEFA(유럽축구연맹) 챔피언스리그의 그늘에 가린 채 극히 일부 사람들만 하고 있는 그야말로 지구 반대편에 존재하는 불가사의한 경기에 지나지 않는 것이다.

결국 올림픽에서 판단하는 스포츠의 대중성이라는 것은 어쩌면 세계 어느 나라 사람을 데려와도 10초 안에 설명할 수 있는 단순함이 있어야 한다는 것으로 해석할 수 있다. 육상의 경우, '가장 빠르게 뛰고, 가장 멀리 던지는 경기'로 설명이 가능하며, 축구도 '공을 상대방의 골대에 많이 넣으면 된다'라는 간단한 규칙만 알려주면 된다. 하지만 야구의 경우, 복잡한 규칙 때문에 한마디로 설명하기 어렵다.

지금이야 야구를 좋아하는 여성팬들이 많았지만, 불과 몇 년 전만 하더라도 야구를 모르는 여자친구를 야구장에 데려가는 방법들을 공유하던 것이 인터넷에서 화제가 된 적이 있다. 야구를 '투수가 던지는 공을 타자가 쳐서 홈까지 들어오는 것이다'라고 설명하면 그 이후에 쏟아지는 여자친구의 많은 질문에 당황하게 된다. 즉, 야구를 제대로 설명하기 위해 아웃, 볼, 스트라이크가 무엇인지, 더 나아가 파울과 안타와 플라이아웃의 차이, 태그아웃과 포스아웃, 더블플레이, 인필드 플라이아웃, 스트라이크아웃, 낫아웃, 도루, 보크 등을 설명하게 되면 야구에 대한 흥미가 급격히 사라지는 여자친구의 모습을 쉽게 발견할 수 있을 것이다. 이에 반해 축구에서 가장 어려운 규칙은 '오프사이드' 정도에 불과하다.

이렇듯 야구의 복잡한 규칙들은 야구에 익숙하지 않은 사람들이 쉽게 따라잡기 어렵게 만드는 장애물이다. 물론 여기에는 숫자와 통계, 그리고 야구의 복잡한 규칙들을 재미로 받아들일 수 있는 사회적 교양수준도 한몫한다.

데이터를 이용한 게임의 시작 - 기록 보기

야구의 복잡한 규칙은 야구를 다른 스포츠와 차별화하는 특징 하나를 만들었다. 바로 방대한 기록이다. 실제로 야구는 기록의 스포츠라고 부르는데, 이는 문명사적으로도 중요한 의미를 가진다. 인류 문명의 발전을 보자면 사회가 고도화될수록 복잡한 규칙들이 발생하고 그로 인해 그 규칙들을 광범위하게 적용시킬 수 있는 법과 그 법을 기록하는 성문법 발전의 역사로 볼 수 있다. 이런 측면에서 야구는 다른 스포츠에 비해 문명적인 스포츠라고 할 수 있다. 또한 야구는 홈에서 포수와 주자와의 충돌을 제외하고 선수 간의 직접적인 접촉을 금지하는 대표적인 스포츠이다. 이러한 특성은 사회가 고도화될수록 물리적인 힘에 의한 싸움보다 비물리적인 싸움이 더 큰 특성을 반영하고 있으며, 물리력이 직접 충돌하는 격투기 같은 스포츠보다 머리싸움에 더 많은 가치를 두고 있는 스포츠라는 것을 의미한다. 더 나아가 선수들의 모든 플레이가 기록이라는 인간의 언어를 통해 남겨지고, 여러 가지 기록들이 모여 하나의 역사가 되는 것은 인류 문명사와 많이 닮았다.

역사를 다시 되새겨본다는 관점에서 2013년 삼성 라이온즈와 두산 베어스의 한국시리즈 7차전 기록을 복기해보자(표5-1). 생중계를 보지 않은 야구팬이라고 할지라도 이 기록들을 보면 그 당시에 일어난 경기 상황들을 쉽게 파악할 수 있다(정리5-1).

표5-1 2013년 한국시리즈 7차전 기록표

팀	1	2	3	4	5	6	7	8	9	R	H	E	B
두산	1	0	1	0	0	0	1	0	0	3	9	2	2
삼성	1	0	0	0	1	5	0	0	-	7	12	1	6

두산 타자기록			1회	2회	3회	4회	5회	6회	7회	8회	9회	타수	안타	타점	득점	타율
1	중	이종욱	우2		4구		3땅		중비		좌비	4	1	0	2	0.291
2	유	손시헌	1희번		포파		삼진		좌홈		중비	4	1	1	1	0.252
3	좌	김현수	우안		우안		좌안		중안			4	4	1	0	0.292
4	지	최준석	좌안		유실		삼진		3땅			4	1	0	0	0.281
5	포	양의지	1파		우희비			중비		3파		3	0	1	0	0.248
6	-	오재일	삼진		삼진			삼진				3	0	0	0	0.288
6	타	홍성흔								유땅		1	0	0	0	0.287
6	좌	임재철										0	0	0	0	0.252
7	三	이원석		유땅		3파		좌안		4구		3	1	0	0	0.309
8	우	정수빈		2안		2땅		1파		삼진		4	1	0	0	0.272
9	二	김재호		우비		삼진			삼진			3	0	0	0	0.288
9	타	허경민									삼진	1	0	0	0	0.300
TOTAL												34	9	3	3	0.250

삼성 타자기록			1회	2회	3회	4회	5회	6회	7회	8회	9회	타수	안타	타점	득점	타율
1	중좌	배영섭	중비	2유병		3땅		삼진	좌중안			5	1	0	0	0.287
2	우	박한이	중안		중비		좌안	좌중2	삼진			5	3	0	3	0.285
3	-	채태인	우중2		유안		우안	고4	삼진			4	3	0	1	0.378

4	좌	최형우	4구		4구		4구	3실		유비		2	0	0	1	0.305
4	중	정형식										0	0	0	0	0.265
5	三	박석민	좌희비		1비		좌비	중안		좌비		4	1	3	1	0.319
6	지	이승엽	1땅		4구		우안	유땅		삼진		4	1	1	0	0.245
7	二	김태완		유안	좌비		삼진	좌중2				4	2	1	0	0.275
8	포	진갑용		투희번		투비	우비	3땅				3	0	0	0	0.264
9	유	정병곤		4구		삼진		좌안	유땅			3	1	0	1	0.195
TOTAL												34	12	5	7	0.232

두산 투수 기록	등판	결과	승	패	세	이닝	타자	투구수	타수	피안타	피홈런	4사구	삼진	실점	자책	평균자책점
유희관	선발		0	1	0	4⅓	23	100	16	6	0	5	1	2	2	3.38
핸킨스	5.6	패	0	1	0	1⅓	11	36	10	5	0	1	2	5	2	3.00
변진수	6.8		0	0	0	1⅓	5	22	5	1	0	0	2	0	0	0.00
홍상삼	8.4		0	0	0	1	3	14	3	0	0	0	1	0	0	2.25
TOTAL						8	42	172	34	12	0	6	6	7	4	2.91

삼성 투수 기록	등판	결과	승	패	세	이닝	타자	투구수	타수	피안타	피홈런	4사구	삼진	실점	자책	평균자책점
장원삼	선발		1	0	0	5⅔	24	108	21	6	0	1	6	2	1	2.25
안지만	6.7	승	1	0	0	1	5	17	5	2	1	0	1	1	1	2.25
차우찬	7.3		0	0	0	1⅓	6	27	5	1	0	1	1	0	0	1.42
오승환	9.9		0	1	3	1	3	12	3	0	0	0	1	0	0	1.23
TOTAL						9	38	164	34	9	1	2	9	3	2	3.00

자료: 한국야구위원회(KBO)

정리5-1 경기 기록을 보고 알 수 있는 것들

- **7:3으로 삼성 라이온즈가 승리했다**

1. 양팀의 선발 투수는 5회 전후로 1~2점의 자책점을 내줘, 선발 싸움에서는 양팀의 대등한 분위기가 이어졌다(5회 전후로 100여 개의 투구수를 기록한 것을 보면, 자책점은 적은 편이나 투수들이 어려움을 겪었음을 추론할 수 있다).
2. 경기의 승패는 5회말 삼성이 5득점을 하면서 삼성 쪽으로 급속히 기울었다. 5득점의 중심에는 3루수 실책이 있었으며, 실책을 포함할 경우 박한이 선수부터 4연속 출루가 이어졌다.
3. 양팀의 불펜 투수는 효율적으로 상대방 공격을 막았다.

이렇게 기록을 보고 과거 상황을 쉽게 복기할 수 있는 것은 야구가 가진 독특한 매력이다. 특히 과거를 쉽게 되새겨볼 수 있다는 것은 과거를 통해 많은 것을 배울 수 있다는 것을 의미하기도 한다.

그렇다면 많은 스포츠 중에 유독 야구가 기록의 스포츠가 될 수 있었던 이유는 무엇일까? 가장 큰 이유는 야구에서 발생하는 모든 사건들이 하나의 독립된 사건들로 구성된다는 사실이다. 다시 말해, 야구의 모든 기록은 투수가 공을 던지는 순간 시작해 다시 투수에게 공이 가면서 종료되는 하나의 사건들로 이루어져 있어 기록하기가 쉽다. 투수의 경우 던진 공을 볼·스트라이크로 기록할 수 있고, 타자의 경우 아웃 아니면 1루타부터 홈런까지의 몇 가지 종류 움직임으로 표준화되어 있어 세부적인 기록이 가능하다. 이러한 기록의 용이성은 많은 기록을 가능하게 해주기 때문에, 경기를 직접 보지 않았더라도 기록을 보고서 전반적인 게임의 맥을 쉽게 잡을 수 있다.

이에 반해 연속적인 움직임으로 이루어지는 축구의 경우 90분마다 선수들이 쉴 새 없이 움직이고, 그 움직임이 표준화되어 있지 않아 기록이 어렵다. 예를 들어, FC바르셀로나의 메시 선수가 왼쪽 방향에서 들어오는 상대방의 태클을 피하고, 두 발자국을 더 간 뒤에 들어오는 또 다른 수비수를 오른쪽으로 피한 다음 아웃프론트 킥으로 상대방 골대의 오른쪽 상단을 향해 슛을 쏴 골로 연결했다고 하자. 이러한 역동적인 움직임을 경기 진행과 함께 기록할 수 있을까? 생중계를 보지 않은 축구팬이 '후반 23분 FC바르셀로나 메시 1골(필드골)'이라는 공식기록만으로는 메시 선수가 골을 넣기 전까지의 화려한 움직임을 상상해낼 수 없다.

주식 이야기로 화제를 바꿔보자. 주식을 막 시작한 초보 투자자들은 주식 시장의 많은 데이터를 어떻게 사용할지 몰라 당황하는 경우가 많다. 하지만 주식 데이터들도 야구 기록과 같은 관점에서 보면 너무 어렵게 생각할 필요는 없다. 올해 프로야구 1군 무대에 진입한 NC 다이노스의 경기 기록(표5-2)과 엔씨소프트(036570)의 일자별 거래기록(표5-3)을 비교해 보면 경기의 승패가 주식의

표5-2 NC 다이노스의 2013년 마지막 5경기 기록

일자	스코어	타수	득점	안타	홈런	도루	볼넷	삼진	병살	타율	실점	실책	방어율
10.05	SK 5:6 NC	28	6	6	2	1	1	4	0	0.214	5	3	4
10.02	넥센 2:1 NC	33	1	7	0	2	2	7	0	0.212	2	1	1
10.01	넥센 2:6 NC	35	6	12	1	0	2	12	0	0.343	2	1	2
9.30	KIA 3:0 NC	34	0	6	0	3	4	13	1	0.176	3	1	3
9.27	한화 2:3 NC	29	3	5	0	1	3	5	0	0.172	2	0	2

자료: 네이버 스포츠

표5-3 같은 기간 엔씨소프트 거래 기록

일자	종가	전일대비	등락률	시가	고가	저가	거래량	거래금액(만)	외국인 비율
10.4	188,000	▼3,500	-1.83	189,500	191,000	185,500	159,642	2,994,282	38.91
10.2	191,500	▲2,000	1.06	192,500	195,000	191,500	177,354	3,427,535	38.92
10.1	189,500	▼1,500	-0.79	189,500	194,500	187,000	144,852	2,754,929	38.93
9.30	191,000	▼2,000	-1.04	193,000	196,000	189,500	170,263	3,269,395	38.89
9.27	193,000	▼1,000	-0.52	193,000	196,500	192,000	202,968	3,955,791	38.77

자료: KRX

그래프5-1 연도별 한화 이글스 순위

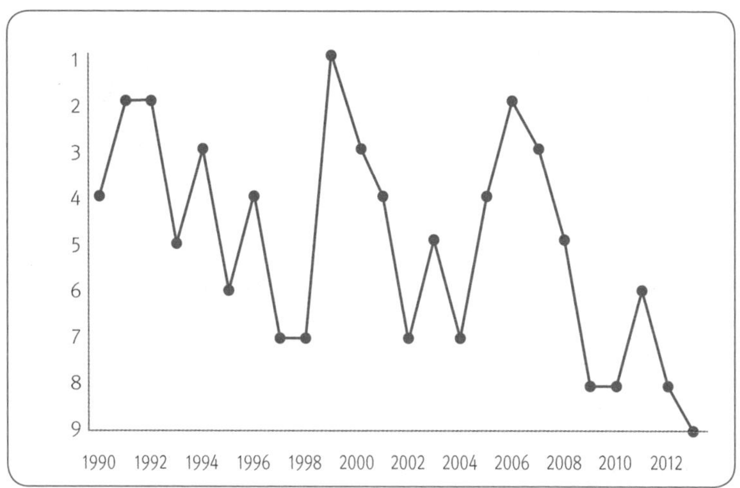

자료: 한국야구위원회

그래프5-2 한화(000880)의 연도별 연말 주가

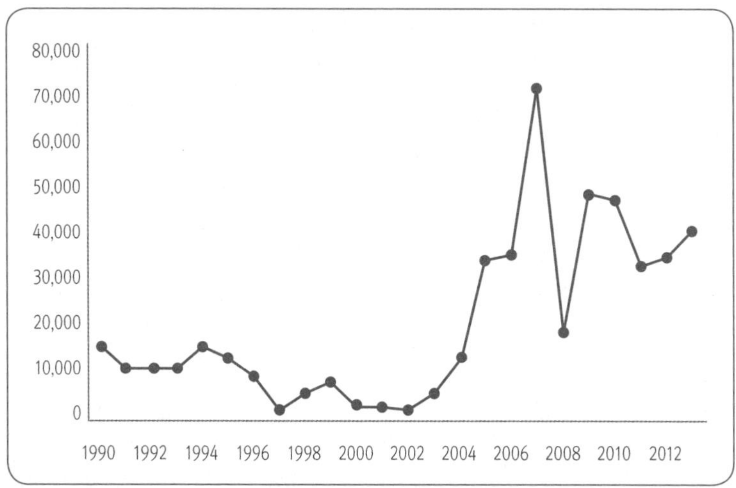

자료: KRX

등락과 유사하다고 볼 수 있다. 마찬가지로 투자자들이 가장 많이 보는 주가 차트(그래프5-1)는 시간에 따른 주가 변화를 나타낸 시계열 그래프로 시즌에 따른 야구팀 순위 그래프(그래프5-2)를 보는 것과 같다.

선수들에 대한 기록 역시 눈여겨볼 필요가 있다. 2013년 타율 1위를 기록한 이병규 선수의 경우 1997년부터의 타격 기록(스탯)이

표5-4 이병규 선수의 역대 성적

연도	소속	타율	경기	타수	득점	안타	2타	3타	홈런	루타	타점	도루	희비	볼넷	사구	삼진	병살	실책
1997	LG	0.305	126	495	82	151	31	8	7	219	69	23	0	43	8	50	6	2
1998	LG	0.279	124	499	75	139	31	5	9	207	67	11	0	36	3	47	13	1
1999	LG	0.349	131	550	117	192	43	8	30	341	99	31	4	34	9	65	11	2
2000	LG	0.323	129	527	99	170	28	1	18	254	99	14	9	52	5	91	15	2
2001	LG	0.308	133	542	107	167	30	4	12	241	83	24	35	4	4	69	10	7
2002	LG	0.293	109	389	54	114	25	0	12	175	43	9	2	50	2	57	6	3
2003	LG	0.279	44	154	20	43	9	2	5	71	30	1	2	21	1	23	0	0
2004	LG	0.323	129	496	95	160	26	2	14	232	64	8	1	50	12	72	14	4
2005	LG	0.337	119	466	62	157	24	2	9	212	75	10	7	34	9	62	10	1
2006	LG	0.297	120	478	51	142	29	1	7	194	55	3	1	31	4	65	8	3
2010	LG	0.29	117	404	49	117	14	1	9	160	64	3	6	36	1	53	11	0
2011	LG	0.338	127	485	64	164	24	0	16	236	75	2	2	28	2	47	10	1
2012	LG	0.3	118	420	52	126	25	1	5	168	41	5	6	22	2	58	18	2
2013	LG	0.348	98	374	39	130	19	3	5	170	74	2	3	22	2	40	10	1
Total		0.314	1624	6279	966	1972	358	38	158	2880	938	146	52	513	64	799	142	29

자료: 네이버 스포츠

누적되어 있는데(표5-4), 이러한 기록은 결국 각 기업들의 연도·분기별 실적이 요약된 재무제표로 보면 이해가 쉽다(표5-5). 기업의 재무제표는 재무상태표, 손익계산서, 현금흐름표, 이익잉여금처분계산서 등 여러 개로 구성되지만, 가장 중요한 재무제표는 재무상태표와 손익계산서이다. 특히 중요한 계정들만 모아둔 요약 재무제표를 이용하면 투자하고자 하는 기업의 스탯, 즉 실적을 쉽게 파악할 수 있다.

표5-5 LG전자 재무제표 중 요약 손익계산서

요약 손익계산서	2009년	2010년	2011년	2012년
매출액	554,912	557,538	542,566	509,600
매출원가	413,406	434,531	420,576	386,529
매출총이익	141,505	123,007	121,990	123,071
판매비와 일반관리비	111,904	122,126	118,200	111,711
인건비	24,026	26,522	29,658	29,485
감가상각비	2,996	4,104	4,397	4,850
연구개발관련비용	2,722	3,207	3,230	3,288
영업이익	29,602	882	3,790	11,360
*조정영업이익	26,807	1,765	3,790	11,360
EBITDA	42,994	13,779	15,813	24,478
비영업손익	-955	3,464	-7,783	-6,119
금융손익	-3,460	-1,799	-2,733	-2,524
외환손익	1,881	-115	-2,060	-388
관련기업투자 등 관련손익	4,354	4,773	-3,295	1,826
기타손익	-3,729	605	304	-5,033

세전계속사업손익	28,647	4,345	-3,993	5,241
법인세비용	5,887	1	335	4,332
계속사업손익	22,760	4,344	-4,328	908
중단사업손익	741	8,477		
*법인세효과		190		
당기순이익(순손실)	23,501	12,821	-4,328	908
지배주주지분	22,875	12,270	-4,696	668
비지배주주지분	626	552	368	240
포괄순이익(순손실)	21,361	11,779	-6,423	-3,939
지배주주지분	21,000	11,236	-6,923	-4,026

요약 재무상태표	2009년	2010년	2011년	2012년
비유동자산	152,044	158,040	168,753	169,031
장기금융자산	3,782	3,428	4,315	3,261
유형자산	77,089	65,005	72,904	75,176
무형자산	8,038	7,634	10,358	10,774
기타비유동자산	63,135	81,973	81,176	79,819
유동자산	169,101	165,145	157,831	145,543
현금 및 현금성자산	24,238	19,442	23,455	18,322
단기금융자산2,861	1,068	1,757	1,287	
매출채권 및 기타채권	81,200	73,555	70,652	68,237
재고자산	48,993	58,724	49,472	45,994
기타유동자산	11,809	12,306	12,459	11,503
자산총계	321,145	323,185	326,585	314,574
비유동부채	35,206	41,416	52,957	59,373
장기금융부채	26,818	32,212	42,578	44,423
퇴직급여부채	2,994	3,181	4,233	5,294
기타비유동부채	5,394	6,023	6,146	9,656
유동부채	161,687	153,172	142,145	128,159
매입채무 및 기타채무	73,248	76,052	73,598	68,457
단기금융부채	43,692	40,145	31,921	20,453
기타유동부채	36,598	29,493	29,381	32,840
부채총계	196,893	194,589	195,102	187,532
지배주주지분	118,042	126,441	128,940	124,544

자본금	8,092	8,092	9,042	9,042
자본잉여금	19,825	19,815	28,617	28,617
기타포괄손익누계액	-1,569	-2,098	-3,266	-6,742
기타자본구성요소	-449	-449	-449	-449
이익잉여금	92,143	101,082	94,995	94,077
비지배주주지분	6,211	2,155	2,543	2,498
자본총계	124,252	128,596	131,482	127,042
순운전자본	24,007	31,559	22,358	18,046
순차입금	43,411	51,848	49,286	45,267
투하자본	116,142	110,540	112,401	106,700

자료: FnGuide

지금까지 개인투자자들이 어려워하는 주식 관련 데이터가 야구 기록과 유사하다는 점을 설명했다. 두 가지의 유사성을 충분히 이해한 투자자라면 어렵다는 이유로 주식 데이터를 멀리하지 않을 것이다. 주식 데이터를 보지 않는 투자자는 선수 기록을 보지 않고 선수를 출전시키는 감독과 다름없기 때문이다. 어려워도 기초적인 주식 데이터는 충분히 이해할 수 있도록 공부하는 투자자가 되도록 하자.

많은 기록 똑똑하게 보기

상장 기업들이 작성하는 사업보고서는 기업 실적에 대한 많은 정보들이 포함되어 있다. 삼성전자의 사업보고서에는 무려 400여 개가 넘는 항목들이 재무제표에 표시되어 있다. 안타깝게도 깊은 회계지식이 필요한 세부 항목까지 초보투자자들이 이해하는 것은 사실상 무리가 있다. 야구 기록의 시작이라고 할 수 있는 경기 기록지가 다양한 전문 기호들로 구성되어 있어 일반 야구팬이 쉽게 알아볼 수 없는 이유와 마찬가지다(그림5-1).

하지만 많은 항목으로 이루어진 재무제표에 너무 겁먹을 필요가 없다. 여러 가지 항목들 중 중요한 20~30여 개의 항목들로 구성된 요약 재무제표만 보더라도 투자하고자 하는 회사의 전반적인 실적을 파악할 수 있다. 증권사 리포트와 주요 포털 사이트 금융 관련 웹페이지에 나오는 재무제표들이 이러한 요약 재무제표이다.

그렇다면 요약 재무제표 중에서 더 눈여겨보아야 할 지표는 무엇인가? 일반적으로 요약 재무제표의 항목들을 두 가지로 구분해 보면 매출액, 순이익, 자본총계 등의 절대 지표와 PER, PBR, ROE 등의 비율 지표로 나눌 수 있다(표5-6). 비율 지표는 두 개 이상의

그림5-1 2013년 한국시리즈 7차전 경기 기록지

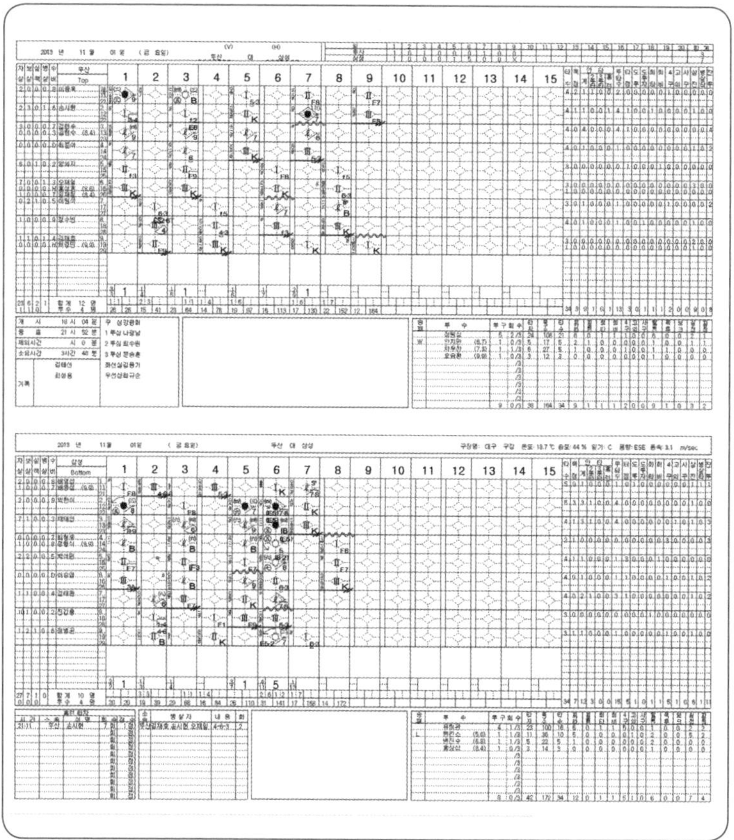

자료: 한국야구위원회(KBO)

절대 지표들의 비율을 나타낸 것으로 주가 대비 EPS의 수준을 나타내는 PER, 주가 대비 BPS의 수준을 나타내는 PBR, 자본대비 이익의 비율을 나타내는 ROE 등이 대표적이다. 야구에서는 총개

표5-6 지표 구분법

구분	야구	주식
절대 지표	홈런수, 안타수, 탈삼진수	매출액, 순이익, 자본총계 등
비율 지표	타율, 출루율, 방어율	PER, PBR, ROE 등

수를 나타내는 홈런수, 안타수, 탈삼진 개수 등이 절대 지표라고 한다면, 타율, 출루율, 방어율 등의 스탯은 비율 지표로 구분된다.

이 두 종류의 지표 중 투자자와 야구 감독이 더 중요하게 보아야 할 지표는 비율 지표이다. 우리가 어떤 선수가 잘한다고 말할 때 타자의 경우 타율, 투수의 경우 방어율을 대표적으로 떠올리는 이유와 같다. 물론 가장 많은 홈런과 안타를 쳐내 절대 수치가 높은 선수 역시 훌륭한 선수다. 하지만 야구를 확률의 싸움이라고 본다면, 선수 성과에 대한 확률을 가장 정확하게 파악할 수 있는 비율 수치가 더 의미가 있는 지표다. 경기에 출전한 횟수가 많아 안타를 많이 치거나 타율이 낮은 선수보다 안타를 적게 쳤지만 타율이 높은 선수가 확률에 대한 베팅이 필요한 대타 타이밍에 기용될 가능성이 높은 이유이기도 하다. 앞으로 선수들의 기록을 볼 때 [표 5-7]에서 제시된 여러 지표들 중 타율, 장타율, 출루율과 같은 비율 지표를 주목해서 볼 것을 추천한다.

표5-7 2013년 주요 타자들의 기록(타율순)

선수명	경기	타수	득점	안타	2타	3타	홈런	타점	도루	볼넷	삼진	병살	타율	장타율	출루율
이병규	98	374	39	130	19	3	5	74	2	22	40	10	0.348	0.455	0.384
손아섭	128	498	83	172	23	4	11	69	36	64	88	9	0.345	0.474	0.421
이진영	106	368	41	121	26	1	3	62	6	37	42	6	0.329	0.429	0.390
박용택	125	476	79	156	22	4	7	67	13	52	71	5	0.328	0.435	0.393
김태균	101	345	41	110	24	0	10	52	0	73	67	14	0.319	0.475	0.444
민병헌	119	383	71	122	21	7	9	65	27	40	62	7	0.319	0.480	0.387
박석민	117	396	61	126	24	0	18	76	4	54	73	13	0.318	0.515	0.425
박병호	128	450	91	143	17	0	37	117	10	92	96	7	0.318	0.602	0.437
최정	120	434	75	137	18	0	28	83	24	64	109	10	0.316	0.551	0.429
정성훈	121	407	64	127	22	1	9	62	13	59	58	12	0.312	0.437	0.405
신종길	104	377	55	117	22	5	4	50	29	30	86	3	0.310	0.427	0.365
이종욱	110	401	77	123	23	6	6	52	30	38	57	6	0.307	0.439	0.369
최형우	128	511	80	156	28	0	29	98	2	47	91	5	0.305	0.530	0.366
김현수	122	434	63	131	23	1	16	90	2	62	71	6	0.302	0.470	0.382
김강민	105	352	39	106	22	3	10	55	10	36	54	10	0.301	0.466	0.370
최진행	106	367	39	110	27	0	8	53	0	50	86	18	0.300	0.439	0.387
홍성흔	127	469	61	140	21	0	15	72	5	57	93	15	0.299	0.439	0.379
김상수	115	372	57	111	17	3	7	44	14	30	44	7	0.298	0.417	0.354
배영섭	113	393	66	116	16	4	2	38	23	52	62	9	0.295	0.372	0.402
이용규	100	390	74	115	20	1	2	22	21	44	37	4	0.295	0.367	0.375

자료: 네이버 스포츠

같은 이유로 주식투자에서도 비율 지표를 눈여겨볼 필요가 있다. 두 가지 지표의 비율 또는 배수라는 뜻으로 쓰이는 멀티플(multiple, 배수)이라는 용어가 비율 지표를 뜻하는 용어이다. 가장 많이 쓰는 멀티플 지표들은 PER, PCR, PSR, PBR, EV/Sales, EV/

표5-8 현대차(005380)의 과거 주요 멀티플 지표

Multiples(X)	2009년	2010년	2011년	2012년
PER	11.62	8.90	7.94	7.29
PCR	5.27	6.41	6.09	5.63
PSR	0.38	0.74	0.78	0.74
PBR	1.54	1.60	1.59	1.38
EV/Sales	0.75	0.79	0.81	0.74
EV/EBITDA	7.44	6.57	6.07	5.69

자료: FnGuide

EBITDA이며 일반적으로 이 수치가 낮을수록 저평가된 주식이라고 판단할 수 있다(표5-8).

그렇다면 이 멀티플 지표들을 이용해 어떻게 투자할 수 있는가? 감독이 대타를 쓸 때 선수들의 타율을 비교해서 최종 선수를 결정하는 것과 같이, 종목 선정을 위해서는 투자 대상이 되는 종목들의 멀티플 지표를 가지고 있어야 한다. 만약 시가총액 상위 10종목 중에 PER이 낮은 종목에 투자하기로 결정한 투자자라면, [표5-9]와 같이 10 종목의 PER 수치를 가지고 있어야 한다. 이 데이터를 바탕으로 PER이 낮은 현대차(6.0), 기아차(6.0), 삼성전자(6.4)의 순으로 PER 매력이 높다는 것을 파악할 수 있고, 10종목 중 3종목을 매수하겠다고 결정한다면 현대차, 기아차, 삼성전자가

표5-9 시가총액 상위 10종목의 PER 비교

종목	시가총액(십억 원)	2014년 예상 이익(십억 원)	2014년 예상 PER(배)
삼성전자	213,437	33,540	6.4
현대차	56,941	9,533	6.0
현대모비스	28,619	3,893	7.4
POSCO	27,900	2,619	10.7
기아차	25,781	4,262	6.0
SK하이닉스	23,153	3,325	7.0
신한지주	21,979	2,196	10.0
삼성생명	21,000	1,018	20.6
NAVER	20,008	683	29.3
LG화학	19,848	1,812	11.0

주: 2013년 10월 25일 기준
자료: FnGuide

투자 포트폴리오에 선정될 것이다. 이처럼 멀티플, 즉 비율 지표를 이용한 투자 방법은 서로 다른 규모의 기업들을 비교하는 데 매우 유용하게 사용할 수 있는 장점이 있다.

이닝 종료

가계부를 활용한 재무제표 공부

재무제표 하면 머리가 아파지는 투자자들이 많다. 알아야 할 항목이 많고 항목들 간의 관계가 복잡하다는 것이 개인투자자들이 재무제표에 대해 골머리를 앓고 있는 주된 이유이다. 재무제표 분석 방법에 대한 책들을 보면 다음과 같은 방식으로 전문 용어들을 설명한다.

● 이익잉여금[44]

이익잉여금은 기업의 경상적인 영업활동, 고정자산의 처분, 그 밖의 자산의 처분 및 기타 임시적인 손익거래에서 생긴 결과로서 주주에게 배당금으로 지급하거나 자본으로 대체되지 않고 남아 있는 부분을 말한다. 이익잉여금은 다음과 같이 분류할 수 있다.

① 이익준비금

② 상법 이외의 법령에 의하여 적립되는 기타 법정적립금

③ 사업확장적립금, 감채적립금, 배당평균적립금, 결손보존적립금 등 회사의 정관의 규정이나 주주총회의 결의에 의하여 적립되는 임의적립금

④ 차기이월이익잉여금 또는 차기이월결손금

● **유동비율**[45)]

유동자산을 유동부채로 나눈 비율이다. 회사의 지불능력을 판단하기 위해서 사용하는 분석지표로 유동부채의 몇 배의 유동자산을 가지고 있는가를 나타내며 이 비율이 높을수록 지불능력이 커진다. 200%가 이상적이며, 2 대 1의 원칙이라고도 한다. 그러나 유동비율의 표준비율이 절대적인 것은 아니므로 기업을 적절히 평가하기 위해서는 업종, 기업규모, 경기동향, 영업활동의 계절성, 조업도, 유동자산의 질적 구성내용 및 유동부채의 상환기간 등의 실질적인 내용을 검토하여야 한다. 또한 기업의 유동성이 크면 클수록 반드시 좋은 것은 아니다. 유동성이 필요 이상으로 크다는 것은 이 부분만큼을 다른 곳에 투자하여 수익을 올릴 수 있는 기회를 상실하고 있다는 것을 의미하기 때문이다.

이런 식으로 지표 하나하나에 의미를 부여하고 그 숫자에 대한 판단을 하기 시작할 생각을 하면 머릿속이 복잡해지기 마련이다. 당장 사업보고서에 올라오는 한 기업의 재무제표 수치들은 400여 개가 넘는데, 주식투자를 위해 1,800여 개의 상장기업의 데이터를 이렇게 뜯어보고 있을 생각을 하니 숨이 막혀온다. 하지만, 우리가 일상생활을 하기 위해서 법전에 나오는 모든 조항을 외우고 살지 않는 것처럼, 주식투자를 위해서 이 모든 재무제표의 내용과 지표를 분석할 필요는 없다. 앞에서 설명했다시피 중요한 지표들을 모아둔 요약 재무제표 위주로 기업을 분석하더라도 투자에 큰 지장은 없기 때문이다. 그리고 중요한 지표들이 합리적인 범위 내에 있다면 좀 더 자세한 분석이 필요하다고 판단해 다음 단계의 분석으로 넘어가면 된다.

이처럼 기업의 재무제표는 주식투자를 위한 기초 자료이지만, 개인투자자들은 이 재무제표를 들여다보고 있는 것에 큰 거부감을 느낀다. 그들의 의견을 주의 깊게 들어보면, 재무제표의 복잡함보다는 피부에 와 닿지 않는다는 어려움을 더 많이 호소한다. 필자가 생각하기에 이러한 투자자들의 하소연은 개인이 체감하기에 너무 큰 단위의 돈이 재무제표에 기록되어 있기 때문이라고 생각한다. 다시 말해, 삼성전자의 10조 원의 이익, 100조 원에 육박하는 현대차의 매출액은 1억 원 이상의 연봉을 받는 것이 목표인 대다수의 샐러리맨 개인투자자들에게 쉽게 다가오기 어려운 숫자다. 기업과 개인이 체감하는 자금 규모의 큰 차이는 개인투자자가 기업의 재무제표를 보는 데 더 어려움을 느끼게 만든다.

이 경우 필자가 추천하는 방법은 기업의 지표 숫자를 전체적으로 축소시켜 주변에서 쉽게 볼 수 있는 작은 사업으로 생각하는 것이다. 매출액 1조 원의 기업은 주변에서 흔히 볼 수 있는 연간 매출액이 1억 원 규모의 치킨호프집으로 축소시켜 볼 수 있는 연습을 해본다면, 분석하고자 하는 회사의 자금 흐름과 실적에 대한 평가를 좀 더 이해하기 쉬울 것이다. 이 경우 상장기업 재무제표에 표시된 매출액은 치킨 판매대금, 영업이익은 판매대금에서 부대비용을 제외한 수익금 등으로 쉽게 변환해서 생각할 수 있다.

재무제표에 친숙해지기 위해 필자가 추천하는 또 다른 방법은 가계부를 재무제표 형식으로 쓰는 연습을 하는 것이다. 실제로 필자는 매월 가계부를 쓰는데, 월급과 지출 목록으로 구성된 일반적인 가계부는 손익계산서(income statement) 형태로, 더 나아가 자신의 자산과 부채 등을 정리한 재무상태표(balance sheet)를 추가해 기본적인 재무제표를 완성한다. 이 방법은 실제로 자신에게 익숙한 월급과 지출이라는 항목 등을 통해 재무제표의 원리를 확실히 이해할 수 있도록 하는 장점이 있다.

월급으로 대도시 한 가구 평균 월급 400만 원을 받는 직장인의 예를 생각해보자. 월급 400만 원은 자신의 노동력을 팔아서 번 돈이므로 매출액에 해당될 것이며, 생활하는 데 필요한 식비, 교통비, 통신비 등을 제외하고 남는 돈 200만 원은 영업이익에 해당된다고 볼 수 있다. 일상적인 생활이 아닌 다른 활동, 예를 들어 오랜만의 해외

여행, 결혼 축의금 등은 영업외비용으로 처리될 수 있으며, 마찬가지로 상여금, 이자, 주식투자처분이익과 같은 비정기적인 수익은 영업외수익으로 볼 수 있다. 이러한 영업외비용과 수익을 고려해 최종적으로 남은 수입을 그달의 순이익으로 본다면 실생활을 통해 재무제표를 이해하는 것은 생각보다 어렵지 않다.

다만 손익계산서와 재무상태표와의 유기적인 연결은 충분히 이해해야 한다. 만약 가족행사로 20만 원의 식비를 카드로 계산했다면, 손익계산서에는 20만 원의 지출만큼 순이익이 줄어들지만, 실제 카드 값이 나간 것이 아니므로 재무상태표의 단기부채 계정에 20만 원이 증가하는 것으로 기록해야 하는 것이 이러한 유기적 연결의 대표적인 예이다.

그렇다면 이 경우는 어떻게 기록할 수 있을까? 영어 공부를 위해 12개월 동안 진행되는 영어 학원 강좌를 10개월 무이자 할부 이벤트를 통해 카드로 계산하는 예를 생각해보자. 외국어 공부와 같은 자기계발에 50%를 지원하는 회사 복지 정책을 이용할 경우, 회사에서는 매월 강의 종료 후 2달 뒤에 월급과 함께 입금된다고 생각해보자. 이 경우 재무제표상에서 240만 원의 카드 비용은 부채로 잡히지만 회사에서 지원해주는 120만 원은 미지급채권으로 자산계정에 잡히게 된다. 하지만 카드는 10개월에 거쳐 매월 24만 원씩 출금이 되는 반면, 회사는 12개월 동안 매월 20만 원의 50%인 10만 원씩 지급을 하게 되므로 지출과 결제 시점에 차이가 발생한다. 재무재표상에서는 이와 같은 기간 차이를 보정하기 위해 부채와 자산을 서로 다른 비율로 상각(amortization)해야 하고, 그 차이가 매월 교육비의 명목으로 손익계산서의 지출항목으로 인식될 것이다.

어려운가? 하지만 실제 자신이 겪게 되는 소비 지출 내용을 재무제표의 형태로 기록하는 연습을 하다 보면, 위와 같은 복잡한 경우가 자주 발생한다는 사실에 놀라게 될 것이다. 중요한 것은 재무제표를 작성하는 사람의 의도에 따라 재무제표가 한없이 복잡해질 수도 있고 간단해질 수 있다는 사실이다. 위 사례는 필자가 겪은 경험 중의 일부인데, 이렇게 복잡한 회계원리가 재무제표에 적용되면 한 달에 필자가 교육비로 실제 얼마를 지출하는지 쉽게 파악하기 어렵게 된다.

이러한 현상은 특히 신용카드를 쓰는 사람들에게 자주 발생한다. 부채로 처리되는 신용카드의 특성상 현금으로 쓰는 것보다 복잡한 회계처리가 필요하고, 복잡한 재무제표는 자신의 소비현황을 쉽게 파악할 수 없게 만든다. 아마도 카드를 많이 사용하는 독자들 중에는 이번 달 1일부터 지금까지 신용카드 총 사용금액을 정확히 파악하고 있는 사람은 거의 없을 것이다. 필자 또한 학원비를 첫 달에 현금으로 결제했다면 필자의 가계 재무제표가 그렇게 복잡해지지는 않았을 것이다.

같은 맥락에서 재무제표를 통해 기업의 재무현황을 쉽게 파악하기 어려운 기업이라면 투자 대상에서 과감하게 제거하는 것이 좋다. 복잡한 재무제표를 가진 기업은 실제로 얼마의 돈을 버는지 쉽게 파악하기 어렵기 때문이다. 또한 회사 내외부적으로 어떤 사건이 발생했을 때 그 사건이 재무적으로 어떤 영향을 미칠지 쉽게 가늠하기 어려울 뿐더러, 회사의 재무상태를 숨기고자 하는 기업가가 합법적인 범위 내에서 숫자를 조작할 유인도 커진다.

참고로 필자는 재무제표를 쓰게 된 후 스스로의 재무상태를 빠르고 정확하게 파악하기 위해 비상시에 필요한 신용카드 1장을 제외하고 기존의 많은 신용카드를 해지했다. 투명하고 이해하기 쉬운 재무제표는 필자 자신의 재무상태를 빠르게 파악하게 만들었으며, 이를 바탕으로 합리적이고 절제된 소비를 가능하게 만들었다. 따라서 이제 막 주식투자를 시작한 개인투자자들은 그들의 첫 투자 종목으로 재무제표가 복잡하지 않으며 회사의 사업 구조가 간단한 기업에서 시작할 것을 추천한다.

43) 키무라 코우이치, “[야큐 리포트] 야구 없는 올림픽, 올림픽 없는 야구”, 2012. 8. 1

44) 고성삼, 《회계·세무 용어사전》, (법문북스, 2009)

45) 매일경제, ‘금융 용어사전’

6회

밸류에이션

주식투자에서 성공하는 가장 확실한 방법은 기업의 내재 가치보다 싸게 거래되는 주식을 사서 기업의 적정 가치까지 주가가 올랐을 때 파는 전략이다. 워렌 버핏(Warren Buffett)과 같은 전통적인 투자의 대가들이 투자하는 방식으로 '가치투자'라고 불리기도 한다.

가치투자의 핵심 능력은 기업의 적정 가치를 산출해내는 방법이다. 전문용어로 밸류에이션(valuation)이라고 하는 가치평가 과정을 통해 적정 기업가치보다 싸게 거래되는 저평가 주식을 발굴해 낼 수 있다. 문제는 밸류에이션 방법이 다양하고, 같은 방법이라도 투자자마다 적용하는 방식이 달라 투자자마다 서로 다른 가치가 산정될 수 있다는 점이다. 특히 개인투자자들 사이에서는 밸류에이션을 잘못 이해하고 있는 것도 문제다.

이번 회에서는 야구 선수의 연봉을 산정하는 세이버메트릭스 방법들을 통해 밸류에이션의 개념과 활용방법을 명확히 이해할 수 있도록 했다. 이를 통해 독자들이 적정 기업가치를 잘못 산정하는 시행착오를 줄일 수 있기를 필자는 기대한다.

선수 연봉으로 기업가치를 이해하자

2010년 시즌이 끝난 후 진행된 스토브리그[46]에서 가장 화제가 됐던 사건은 이대호 선수의 연봉협상 결과였다. 타격 7관왕에 오른 이대호 선수는 자신의 성적을 바탕으로 7억 원의 연봉을 요구했지만 소속 구단인 롯데 자이언츠는 6억 3,000만 원 이상을 줄 수 없다는 입장을 고수하며 협상에 난항을 겪었다. 결국 다음해인 2011년 초, 이대호 선수의 연봉협상은 KBO의 연봉조정위원회가 구단 측의 손을 들어줌으로써 6억 3,000만 원으로 마무리되며 종료됐다. 구단 측이 제시한 금액이 이대호 선수의 몸값에 더 합당하다고 판단한 연봉조정위원회의 결정은 이대호 선수의 가치를 훨씬 높게 평가하는 대다수 야구팬들의 분노를 이끌었다. 선수협회에서는 선수들을 길들이고 구단들의 이해를 대변하는 KBO의 정치적 이해가 개입된 결정이라는 성명을 내며 KBO를 정면으로 비난했다.

이러한 구단의 처우에 실망했었을까? 2011년 시즌을 마치며 자유계약(FA) 선수가 된 이대호 선수는 오릭스 버팔로스와 계약하여 일본 무대로 진출했다. 계약금 2억 엔에 2년간 연봉 2억 5,000만 엔으로 계약한 이대호 선수의 2년간 몸값은 당시 환율 기준으로 총 109억 원이다. 1년 연봉으로 계산하면 무려 50억 원이 넘는 금액이다. 일본에서 제시한 이대호 선수의 몸값은 1년 전에 논란을 일으켰던 롯데와의 연봉 협상 결과를 다시 수면 위로 끄집어냈다. 일본에서 제시한 50억 원과 롯데가 제시한 6억 3,000만 원 중 어떤 숫자가 과연 이대호 선수의 적정 몸값일까?

이대호 선수의 일본 진출은 프로야구 선수의 적정 몸값이 얼마인가에 대한 화두를 야구계에 던졌다. 대다수의 야구팬들은 비단 이대호 선수의 몸값뿐만 아니라 스토브 시즌에 이루어지는 선수들의 연봉협상과 시즌 중 트레이드에 많은 관심을 갖고 있다. '저 선수를 영입하기 위해 좋은 선수를 싼값으로 넘긴 것이 아닌가?', '이 선수가 올해 얼마나 많이 팀 성적에 기여했는데 연봉을 이것밖에 올려주지 않나?'라는 팬들의 갑론을박은 연봉협상 기간과 트레이드 때마다 쉽게 발견할 수 있는 야구팬들의 반응이다.

선수들의 적절한 연봉을 산정하는 과정은 기업의 적정 가치를 파악하는 밸류에이션 과정과 같다. 선수를 영입하려는 구단은 과거 성적을 이용해 적정 몸값을 계산하고, 주식투자자들은 과거 재무제표를 통해 투자 대상 기업의 적정 주가를 산출한다. 합리적인 구단이라면 자신이 판단하는 가격보다 낮은 가격에 선수를 영입

표6-1 **선수 연봉과 주가 비교 도식**

이름	박석민(삼성 라이온즈)
신상 정보	1985년 6월 22일생/ 178cm/88kg 계약금 1억 8,000만 원 연봉 2억 8,000만 원 2004년 1월 프로데뷔

역대 경기 성적

연도	2011	2012	2013
경기	128	127	117
타수	457	443	396
득점	74	79	61
안타	127	138	126
홈런	15	23	18
삼진	105	83	73

↓

적정 연봉: 3억 원

종목명	삼성전자(005930)
기업개요	1969년 1월 13일 설립 1975년 6월 11일 상장 종업원 수: 9만 3,322명 반도체, 전자제품 제조업체

주요 재무 정보(십억 원)

연도	2011A	2012A	2013F
매출액	165,002	201,104	233,699
영업이익	15,644	29,049	38,870
당기순이익	13,383	23,185	31,416
자산총계	155,800	181,072	203,762
부채총계	54,487	59,591	65,382
자본총계	101,314	121,480	138,380

↓

적정 기업가치: 주당 150만 원

하려고 할 것이고 몸값에 비해 성적이 저조한 선수는 연봉을 깎거나 방출시키려고 할 것이다. 마찬가지로 합리적인 투자자는 자신이 적정하다고 생각하는 기업가치보다 싸게 거래되는 저평가 주식을 살 것이고, 비싸게 거래되는 고평가 주식을 팔 것이다. 이런 관점에서 보면 오릭스 구단은 이대호 선수의 가치가 연간 50억 원 이상의 가치가 있다고 판단했기 때문에 이대호 선수를 영입해간 것으로 볼 수 있다. 주식의 경우 150만 원에 거래되는 삼성전자의 주식을 산 투자자는 삼성전자가 150만 원 이상의 가치가 있다고 판단했을 것이다.

하지만 쉬워 보이는 이러한 밸류에이션 과정이 실제로 어려운 이유는 구단과 투자자마다 해당 선수와 기업의 가치를 판단하는 기준이 다르다는 것에 있다. 이대호 선수의 몸값을 보는 오릭스와 롯데의 평가가치 사이에는 무려 50억 원의 몸값 차이가 있다. 삼성전자의 가치가 200만 원이라고 생각하는 투자자는 150만 원에도 삼성전자 주식을 살 수 있지만, 100만 원이라고 생각하는 투자자는 150만 원에 주식을 팔 것이다.[47] 그렇다면 이들 중 누구의 가치 판단이 맞는 것일까? 50억 원에 계약한 오릭스인가, 6억 3,000만 원을 상한으로 제시한 롯데인가? 아니면 삼성전자를 150만 원에 사는 투자자인가, 150만 원에 파는 투자자인가? 이 질문에 답을 하기 위해 선수들에 대한 연봉 협상권을 가지고 있는 가상의 감독 3명을 상상해보자. 이 감독들은 서로 다른 방식으로 선수 가치를 평가한다. 타자들을 평가하는 감독들의 서로 다른 방식을 들어보자.

감독1

아무래도 좋은 타자는 타율이 높거나 홈런을 많이 치는 선수이지요. 특히 홈런은 오래전부터 야구의 꽃이라고 불리며, 야구장을 찾은 관객들의 마음을 순식간에 사로잡을 수 있습니다. 그래서 저는 타율이 높은 선수들의 연봉을 올려주는 원칙을 기본으로 하되, 홈런을 많이 치는 선수들에 대해서는 타율에 관계없이 높은 연봉을 책정합니다. 그리고 코치들과 상의해 향후 발전 가능성이 높은 선수들은 동기 부여를 위해 좀 더 많은 연봉을 주려고 합니다.

감독2

영화 〈머니볼〉에서 거론된 바와 같이 출루율이 팀 성적에 가장 큰 영향을 미친다는 세이버메트릭스의 철학을 많이 따르는 편입니다. 따라서 타자들의 연봉을 오로지 출루율에만 연동을 시킵니다. 그 편이 선수들의 혼란을 줄일 수 있을 뿐만 아니라, 타율이 높지 않은 선수들에게 선구안을 향상시켜 볼넷으로라도 출루할 수 있게 만드는 동기가 될 수 있기 때문입니다. 홈런타자가 매력적인 것은 사실이지만, 야구는 홈런타자만으로 되는 것이 아니기 때문에 홈런보다는 출루에 중점을 둔 연봉 시스템을 운영합니다.

감독3

우리 구단은 매우 훌륭한 기록 분석팀을 갖고 있습니다. 이 팀에서 과거 10년 동안의 선수 데이터를 분석한 결과 선수들의 연봉은 몇 가지 지표의 조합에 비례해서 책정하는 것이 좋다는 결론을 내렸습니다. 타율에 장타율을 더한 OPS라는 지표의 비중을 60%, 도루와 희생타를 합한 비중을 25%, 작전 수행 성공률에 15%의 비중을 두어 선수마다 점수를 매기고, 전체 선수에서 각 선수의 점수가 차지하는 비중대로 구단 연봉 총액을 배분합니다.

서로 다른 연봉 책정 방식을 가진 세 감독 중 어떤 방법이 가장 옳은가? 첫 번째 감독은 타자에 대한 전통적인 평가 방식을 바탕으로 감독과 코치의 주관을 반영하는 방법을 사용했고, 두 번째 감독은 출루율이라는 단일 지표를 이용해 연봉을 책정함으로써 팀 전체적으로 한 가지 목표에 집중하게 했다. 세 번째 감독은 평가자의 주관을 배제한 퀀트 모델을 도입해 연봉을 산정했다. 세이버메트릭스에 바탕을 둔 연봉 평가 방식이라고 볼 수 있다.

이 책을 통해 세이버메트릭스와 퀀트 투자의 장점을 이해한 독자들이라면 숫자와 모델을 통해 운용하는 퀀트 운용 방식을 따른 세 번째 감독의 방식이 가장 옳다고 생각할지도 모른다. 하지만 엄밀히 말하면 이 세 가지 방법 모두 투자 방식 중의 하나로, 무엇이 옳거나 그르다고 판단할 수 있는 성질의 문제가 될 수 없다. 자산운용 관점에서 본다면, 첫 번째 감독의 연봉 산정 방식은 매니저의 직관을 바탕으로 투자하는 전통적인 액티브(active) 운용 방식

표6-2 **주요 가치 평가 방법**

		평가 방식		
		절대 평가	상대 평가	부가가치 평가
평가 대상	주주 가치	배당할인모형 (DDM, Dividend Discount Model)	P 멀티플	잔여이익모형 (RIM, Residual Income Model)
	기업 가치	현금흐름할인모형(DCF Model, Discounted Cash Flow Model)	EV 멀티플	경제적부가가치모형 (EVA Model, Economic Value-Added Model)

과 유사하고, 두 번째 감독의 방식은 특정 성격을 가진 주식들만 골라 투자하는 스타일 운용 방식으로 볼 수 있기 때문이다. 따라서 어떤 방식의 연봉 책정 방식을 선택할 것인가의 문제는 결국 야구철학의 문제로 귀결된다. 기업의 적정 가치를 판단하는 밸류에이션 또한 마찬가지다. 밸류에이션에는 여러 가지 방법론이 존재하며, 어떤 밸류에이션 방법을 선택하는 것의 문제는 옳고 그름의 문제가 아니라 투자철학의 문제로 보아야 한다.

그렇다면 어떤 밸류에이션 방법이 있으며, 각각의 방법들은 어떤 투자철학을 대변할까? 일반적인 투자론에서 제시하는 주요 밸류에이션 방법은 아래 표에서 제시된 6가지 범주로 분류할 수 있다. 이 6가지 방법을 나누는 두 가지 기준, 즉 가치평가 대상과 평가 방식에 대해 간단히 알아보도록 하자.

● 가치 평가 대상(주주가치와 기업가치)

기업 가치가 오르면 주가가 오를까? 일반적으로는 맞는 말이지만, 항상 그렇지는 않다. 주식을 발행하는 일반적인 주식회사의 경우 회사가 필요한 자금을 주주와 채권자로부터 조달한다. 다시 말해 기업의 이익 중 일부는 돈을 빌려준 채권자에게, 그리고 나머지는 주주에게 간다는 뜻으로 경우에 따라서는 채권자와 주주는 같은 배를 탄 동업자이지만, 때로는 이익을 나눠야 하는 경쟁자 관계에 놓이기도 한다.

이제 막 성장을 하는 기업의 경우 채권자와 주주의 이해관계는 비슷하다. 회사가 망하지 않고 성장을 해야 돈을 빌려준 채권자의 경우도 이자와 원금을 회수할 수 있고, 주주는 투자금을 보전할 수 있다. 하지만 성장이 멈춰 더 이상 기업의 이익이 증가하지 않는 성숙된 산업의 기업들은 채권자가 가져가는 이자는 주주에게 할당되는 배당과 이익잉여금의 크기를 감소시킨다. 따라서 이 경우 기업이 돈을 잘 벌어도 주주의 가치가 떨어지는 현상이 발생한다. 통신서비스, 유틸리티 업종이 대표적인 사례이다.

따라서 기업 성장 사이클에 적절한 가치 평가 방법을 선정하는 것이 중요하다. 이제 막 성장을 하는 기업의 경우, 현금흐름할인모형(DCF model)이나, EV 멀티플, 그리고 경제적 부가가치모형(EVA) 등을 사용하는 것이 적절하고, 어느 정도 성장을 마무리한 성숙된 기업의 경우 배당할인모형(DDM), P 멀티플, 잔여이익모형(RIM) 등을 사용하는 것이 적절하다.

● 가치 평가 방식(절대 평가, 상대 평가, 부가가치 평가)

가치 평가 방식은 크게 절대 평가, 상대 평가, 부가가치 평가로 나눌 수 있다. 배당할인모형과 현금흐름할인모형과 같은 절대 평가 방식은 기업의 가치를 0에서부터 계산을 하는 방식이다. 다시 말해 기업의 최초 가치가 0이라고 가정을 하고 그 기업이 줄 수 있는 미래 배당과 현금흐름을 통해 그 회사의 가치를 판단하는 방식이라고 할 수 있겠다. 절대 평가 방식은 주식뿐만 아니라 채권, PEF와 같은 다른 자산과의 직접적인 비교가 가능한 장점이 있지만, 장기 투자 관점에서의 해당 기업의 가치를 산정해내는 것이므로 변동성이 큰 주식 시장에 직접 적용하므로 무리가 많이 따르는 방식이다.

두 번째 방식은 상대 평가 방식으로 투자자들이 가장 많이 사용하는 PER과 PBR과 같은 P 멀티플과 EV/EBITDA와 같은 EV 멀티플이 해당된다. 이 방식은 말 그대로 두 개 이상 주식의 상대적인 투자 매력을 판단하는 데 사용된다. 다시 말해 PER이 10배라는 사실만으로는 해당 주식이 싼지 비싼지 판단할 수 없지만, PER이 8배인 주식 A와 PER이 10배인 주식 B를 비교함으로써 주식 A가 B보다 싸다는 결론을 도출해낼 수 있는 장점이 있다. 야구로 말하면 3할을 치는 타자가 잘 치는지 못 치는지에 대한 판단은 3할이라는 숫자 자체보다 시장 평균 타율(2할 5푼)과 비교함으로써 판단할 수 있는 원리와 같다.

마지막으로 부가가치 평가 방식은 해당 기업의 최소 요구 이익률 대비 얼마만큼의 부가가치를 창출했는지의 여부로 해당 기업의 가치를 산정하는 방식이다. 10%의 자기자본이익률을 얻는 회사의 주식이 1만 원에 거래되고 있다면, 10% 이상의 이익률을 달성했을 때 1만 원보다 더 비싼 가치를 가지고 있다고 판단하는 방식이다. 야구로 말하면 타율 3할에 1억 원의 연봉을 받는 선수가 연봉을 올리는 방법은 구단에서 기대하는 타율 3할 이상을 쳤을 때 연봉 인상의 논리가 성립된다는 원리이다. 이 방식을 주주가치에서 판단했을 경우 잔여이익모형(RIM)이라고 하며, 기업가치 관점에서 판단할 경우 경제적부가가치모형(EVA)이라고 한다.

가치 평가 방식에 대한 설명은 투자관련 대다수의 서적에서 자세히 설명되어 있고 이 책의 범위를 넘어가므로 여기서는 더 이상 설명하지 않기로 한다. 하지만 이 책에서 제시한 평가 대상과 평가 방식이라는 프레임으로 가치 평가 방식들을 이해할 수 있다면 실전에서 가치 평가 방식들을 선정하는 데 큰 도움이 될 것이다.

Win Share를 활용한 야구 선수 적정 연봉 산정

'이대호 선수와 이승엽 선수 중 어떤 선수가 더 뛰어난가?' 주식과 마찬가지로 야구에서도 선수를 평가하기 위한 시도는 오래전부터 있어 왔다. 타자의 경우 빌 제임스가 고안한 득점 창출력(RC, Run Created), 짐 퍼타도(Jim Furtado)의 XR지표(eXtrapolated Runs), 데이비드 스미스(David Smyth)의 Base Runs 등은 타자들의 능력을 비교하기 위해 고안된 세이버메트릭스 지표들이다.

그렇다면 '이대호 선수와 오승환 선수 중 어떤 선수가 더 뛰어난가?' 타자와 투수 간의 비교는 같은 포지션의 비교보다 훨씬 더 복잡하다. 대답하기 어려운 문제이지만 구단은 선수들과의 연봉 협상을 위해서라도 이 문제에 대한 답을 어떤 식으로라도 찾아야 한다. 세이버메트릭스의 아버지, 빌 제임스가 고안한 윈셰어(Win Shares, 이하 WS로 표기)는 이 질문에 답을 줄 수 있는 선수 평가 모델이다.

WS의 기본 개념은 각 선수마다 팀이 거둔 승리에 얼마만큼 기여를 했는지를 평가하는 방식이다. WS 수치가 10이면 한 시즌 동안 그 선수 때문에 10경기를 이길 수 있었다고 판단할 수 있다.[48)]

만약 어떤 팀의 한 시즌 선수 연봉 예산이 70억 원이고 그해 그 팀이 70경기에서 승리했다면, WS가 10인 선수의 가치는 10억 원이 적정하다는 것이 빌 제임스가 이야기하고자 하는 선수 몸값에 대한 가치 평가 개념이다. 이 개념을 이용하면 WS가 1인 선수보다 2인 선수의 가치가 2배 더 높다고 판단할 수 있으며, 연봉 또한 2배가 되어야 한다는 결론에 이를 수 있다.

그렇다면 WS는 어떻게 계산되는가? 빌 제임스는 야구에서 팀 승리에 기여할 수 있는 부분을 공격, 투수, 수비의 3부분으로 보았고, 각 부분의 WS를 합해 각 선수의 최종 WS가 되도록 했다. 실제 그의 WS 시스템은 구장 효과와 연도별 조정치 등 여러 가지 요소들을 고려한 매우 복잡한 방식으로 이루어져 있지만, 여기서는 밸류에이션에 대한 개념을 이해하기 위해 WS를 소개하는 것이 목적이므로 그가 제시한 간단한 공식(the short-form method)을 이용해 WS를 계산해 보도록 하자(표6-3).

이 방식을 이용해 논란이 되었던 이대호 선수의 2011년 적정 연봉을 계산해 보았다. 계산을 위해 협상의 대상이 되었던 2011년 연봉은 2010년 성적으로만 판단하고, 구단의 예산 한도 내에서 WS에 비례한 연봉을 선수들에게 준다고 가정했다.

표6-3 **WS의 간단한 계산 방법**

구분	계산 방법과 설명
공격 WS (Batting Win Share)	Batting WS= (A – B/12)/3 A= 타자가 만들어낸 총 득점 창출(*RC, Run Created) B= 각 타자가 만들어낸 아웃카운트
투수 WS (Pitching Win Share)	Pitching WS= (C – 자책점 + 세이브)/3 C= 투수가 D의 방어율을 가지고 한 시즌 동안 실제 던졌던 이닝을 소화했다면 몇 점을 내줬는지 계산 D= 리그 방어율 x 1.5 – 1
수비 WS (Fielding Win Share)	Fielding WS = 출전 경기수/E E = 포수일 경우 24 1루수일 경우 76 2루수일 경우 28 3루수일 경우 38 유격수일 경우 25 외야수일 경우 48
최종 WS	최종 WS = (공격 WS + 투수 WS + 수비 WS)/3

*RC, Run Create: 빌 제임스가 고안한 타자의 득점 창출 능력을 말하며, 타자의 공격 행위로 팀의 득점에 미치는 기여도를 측정한다. 비교적 간단한 공식으로 '(안타+볼넷)×(총루타수)/타석'으로 계산될 수 있지만, 실제로는 '[{(안타+볼넷-도루-병살)+2.4×타석}×{(루타+0.26×도루+0.53×희생타+0.64×볼넷-0.03×삼진)+3×타석}]/(9×타석)-0.9×타석'이라는 복잡한 식으로 계산된다.

이대호 선수의 성적을 바탕으로 2010년도 WS를 구해보면 WS 12로 롯데 자이언츠가 기록한 69승에서 12경기는 이대호 선수가 기여했다는 결론이 나왔다. 즉, 팀 승리의 17.4%에 기여한 셈인 것이다. 이에 따르면 구단의 연봉 총액인 43억 원 중 17.4%는 이대호 선수에게 주어야 하며 이는 7억 4,800만 원에 해당하는 금액

표6-4 이대호 선수 성적(한국 프로야구)

시즌	타율	경기수	타수	안타	2루타	3루타	홈런	타점	득점	도루	4사구	삼진	병살타	희생타	비고
2001	0.500	6	8	4	0	0	0	1	0	0	1	2	0	0	
2002	0.278	74	255	71	19	0	8	32	27	1	26	66	6	0	
2003	0.243	54	152	37	6	0	4	13	8	0	19	37	3	0	
2004	0.248	132	444	110	26	0	20	68	52	4	58	78	21	6	
2005	0.266	133	447	119	16	2	21	80	53	1	62	76	12	3	
2006	0.336	123	443	149	26	0	26	88	71	0	55	55	11	1	타격 4관왕
2007	0.335	121	415	139	21	1	29	87	79	1	94	55	9	5	장타율 1위
2008	0.301	122	435	131	23	0	18	94	73	0	80	56	9	12	
2009	0.293	133	478	140	28	1	28	100	73	0	67	65	13	4	
2010	0.364	127	478	174	13	0	44	133	99	0	61	77	15	3	타격 7관왕
2011	0.357	133	493	176	24	1	27	113	76	2	71	60	22	6	타격 3관왕
통산	0.309	1150	4048	1250	204	5	225	809	611	9	604	627	121	40	

표6-5 이대호 선수의 2010년 WS

구분	수치	비고
공격 WS	32.7	
투수 WS	0	투수가 아니므로 0
수비 WS	3.3	3루수(38게임=1WS)
최종 WS	12	(32.7+0+3.3)/3
시즌 팀 승리	69승	
승리 기여도	17.4%	12WS/69승
구단 연봉 총액	43억 원	
적정 가치	7억 4,800만 원	43억 원 × 17.4%

이다. 이 금액은 구단이 제시한 6억 3,000만 원뿐만 아니라 선수 자신이 제시한 7억 원보다 높은 가치를 가지고 있다고 할 수 있겠다. 물론 WS를 이용한 연봉 책정 방식이 절대적인 진리는 아니다. 이 방법에 따르면 WS가 0인 선수에게 월급을 주지 않아야 한다는 결론에 이르는데 이런 상황은 현실적으로 있을 수 없다. 또한 연차에 따른 연봉 차이도 실제 존재하기 때문에 구단의 재정한도 내에서 줄 수 있는 이대호 선수의 연봉은 이보다 낮아질 것이다. 이 점을 고려하면 구단이 제시한 6억 3,000만 원이라는 연봉은 그렇게 허무맹랑한 수치는 아니라고 생각한다.

여기서 이대호 선수의 연봉 협상 결과를 두고 구단과 선수 두 당사자 간에 옳고 그름을 따지려는 것은 아니다. 필자가 생각하는 이대호 선수의 연봉 협상의 문제는 액수 자체가 아니라 선수 연봉에 대한 구단과 선수와의 가치 평가 기준, 즉 밸류에이션 방법이 사전에 합의되지 않았다는 데 있다. 협상 당시 이대호 선수는 7억 원의 적정 몸값을 자유계약선수(FA) 프리미엄, 마케팅 효과, 물가상승률 등을 기준으로 제시한 반면[49], 구단 측에서는 이승엽 선수가 받았던 최고 연봉 기준으로 6억 3,000만 원이 적정하다고 생각했다. 이러한 차이는 결국 앞에서 이야기한 밸류에이션 방법 선택의 차이로 볼 수 있다. WS가 의미 있는 점은 WS가 가지고 있는 계량적인 밸류에이션 방법이 협상 당사자들 간에 원만한 합의를 이끌 수 있다는 것이다. 결국 연봉 협상에서 자신의 의지를 관철시키지 못한 이대호 선수는 2011년을 마지막으로 일본에 진출했다. 여러 가지 이유가 있겠지만 그 이유들 중 하나에는 아무리 잘해봤자 6억 3,000만 원 이상의 몸값을 받을 수 없다고 생각한 연봉 협상의 진통이 한몫을 했음은 분명해 보인다.

선수에 대한 합리적인 연봉 산정 방법은 팀 전력에 기여하는 바가 크다. 선수들에게 확실한 동기를 부여시켜 선수들의 전력 극대화를 유도할 수 있을 뿐만 아니라, 협상 과정에서의 진통을 줄여줄 수 있어 구단 측에도 이득이 있다. 반대로, 합리적인 연봉 협상 시스템이 갖춰져 있지 않은 구단은 실력에 비해 적은 연봉을 받는 선수들에게 동기 부여가 잘 되지 않으며, 오히려 다른 팀들의 영입 대상이 되어 팀을 떠날 가능성이 높다.

그렇다면 이대호 선수가 떠난 롯데 자이언츠 선수들 중에서 영입 대상이 될 만한 선수들을 물색해보자. 다음 표는 2013년 정규 시즌 성적을 바탕으로 계산한 롯데 자이언츠 선수들의 WS와 연봉이다. 편의를 위해 WS가 높은 상위 20명의 선수들만 정리했다.

표6-6 2013년 롯데 자이언츠 선수들의 WS와 연봉

WS 순위	선수명	포지션	세부 WS				WS (최종 WS/3)	연봉 (2013년)	적정 연봉 (만 원)	차이(만 원)
			공격	투수	수비	최종				
1	손아섭	우익수	21.1		2.7	23.7	7.9	21,000	39,553	18,553
2	김성배	투수		15.6		15.6	5.2	10,500	26,072	15,572
3	옥스프링	투수		14.9		14.9	5.0	25,000	24,784	-216
4	유먼	투수		13.9		13.9	4.6	27,500	23,152	-4,348
5	전준우	중견수	10.8		2.7	13.5	4.5	15,000	22,453	7,453
6	황재균	3루수	9.6		3.4	12.9	4.3	18,000	21,560	3,560
7	강민호	포수	8.1		4.4	12.5	4.2	55,000	20,772	-34,228
8	송승준	투수		10.7		10.7	3.6	31,000	17,802	-13,198
9	정훈	2루수	5.4		4.0	9.4	3.1	4,200	15,730	11,530
10	장성호	1루수	6.0		1.1	7.1	2.4	18,000	11,818	-6,182
11	박종윤	1루수	5.3		1.5	6.9	2.3	10,700	11,431	731
12	김대우	좌익수	5.0		1.4	6.4	2.1	2,500	10,671	8,171
13	박준서	2루수	3.2		2.8	6.1	2.0	6,100	10,109	4,009
14	신본기	유격수	1.6		4.0	5.6	1.9	3,000	9,292	6,292
15	이명우	투수		5.3		5.3	1.8	9,000	8,837	-163
16	홍성민	투수		4.6		4.6	1.5	5,000	7,585	2,585
17	조성환	2루수	1.8		2.6	4.5	1.5	20,00	07,484	-12,516
18	정대현	투수		4.4		4.4	1.5	50,000	7,368	-42,632
19	문규현	유격수	0.7		3.2	3.8	1.3	9,000	6,398	-2,602
20	김문호	좌익수	2.8		0.8	3.6	1.2	3,500	6,057	2,557

주: 외국인 용병인 옥스프링과 유먼은 1달러=1,000원을 기준으로 계산

이 선수들의 WS를 X축으로 연봉을 Y축으로 하는 그래프를 그리면 [그래프6-1]과 같은 분포가 나타난다. 이 분포를 보고 1WS=연봉 5,000만 원으로 하는 밸류에이션 기준을 선정했을 때, 기준

그래프6-1 2013년 롯데 자이언츠 선수들의 WS와 연봉 분포

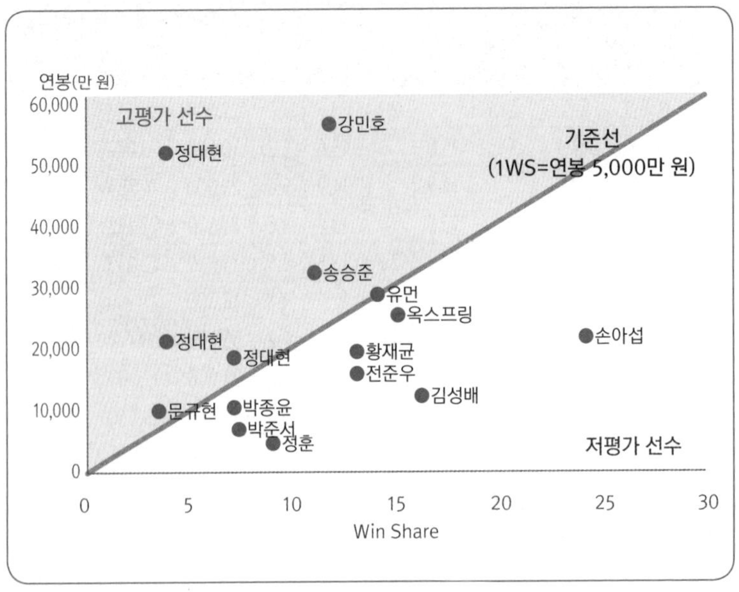

자료: 한국야구위원회

선을 기준으로 아래 영역에 있는 선수들을 저평가 선수, 기준선을 기준으로 위 영역에 있는 선수들은 고평가 선수로 판단할 수 있다. 즉, 저평가 선수들은 실제로 팀 승리에 기여한 기여도인 WS보다 낮은 연봉을 받고 있는 반면, 고평가 선수들은 팀 승리 기여도보다 높은 연봉을 받고 있는 선수라고 이야기할 수 있다. 그리고 기준선 주변에 위치하고 있는 선수들은 실제 승리 기여도에 맞는 적절한 연봉을 받고 있다고 볼 수 있다.

그렇다면 이 표와 그림을 보고 어떤 전략을 세울 수 있는가? 모든 선수들이 자유계약 선수라는 가정을 한다면, 이 선수들의 소속 구단인 롯데는 선수들이 이 기준선 주변에 위치하도록 연봉 협상을 해야 한다. 이 경우, WS가 가장 높은 손아섭 선수는 현재 2억 1,000만 원인 연봉이 4억 원 수준으로 인상될 가능성이 높은 반면, 강민호 선수는 현재 5억 5,000만 원인 연봉이 2억 1,000만 원 수준으로 61% 삭감되어야 하고, 정대현 선수는 5억 원 연봉이 7,000만 원 수준으로 크게 삭감되어야 한다. 과연 롯데는 이러한 기준으로 선수들과의 연봉협상을 진행할 수 있을지 지켜보는 것도 스토브리그의 또 다른 재미일 것이다.

반면, 선수를 영입하고자 하는 타 구단의 경우, 저평가 선수에 주목할 필요가 있다. 만약 저평가 선수로 구분된 손아섭 선수가 1차 협상 대상인 롯데와 협상에서 합의점을 이루지 못한다면, 이 선수의 적정연봉인 3억 9,553만 원보다 낮은 연봉을 제시해 영입하는 것을 추진해볼 필요가 있다(원고가 마무리되고 난 후 손아섭 선수는 연봉 4억 원에 롯데와의 재계약에 성공했다).

퀀트 모델을 활용한 저평가 주식 찾기

Win Share를 이용해 저평가된 선수를 영입하려는 전략은 저평가 주식을 사는 것에도 적용할 수 있다. 필자가 자주 사용하는 2팩터 모델 중의 하나는 기업의 이익 성장성과 PER을 이용하는 방법이다. 이 모델은 PEG 모델이라고 불리우기도 하는데 일반적으로 성장성이 높을수록 PER이 높게 거래되는 투자론의 기본 공식을 이용하는 방법이다.

우리나라에서 거래되는 주식을 예로 들어보자. [그래프6-2]는 2013년 10월 말 기준 코스피200 구성 종목의 PER 순위와 EPS 증가율 순위 분포이다. 앞에서 WS가 낮으면서 연봉이 높은 선수들을 고평가 선수로 판단했듯이, 아래 그림에서 좌측 상단에 있는 종목들을 고평가 종목으로 판단할 수 있다. 이 종목들은 이익 성장률에 비해 높은 가격으로 거래되고 있는 것으로, 한국항공우주, 코웨이, 롯데칠성, 유한양행, KCC 등이 포함된다. 반대로 EPS 증가율이 높으면서 PER이 낮은 종목은 저평가 종목으로 볼 수 있다. 그림에서 우측 하단에 있는 S&T중공업, 동부화재, 송원산업, 휴비스, 화신 등의 종목이 해당된다.

그래프6-2 코스피200 구성종목의 PER과 EPS 증가율 순위 분포

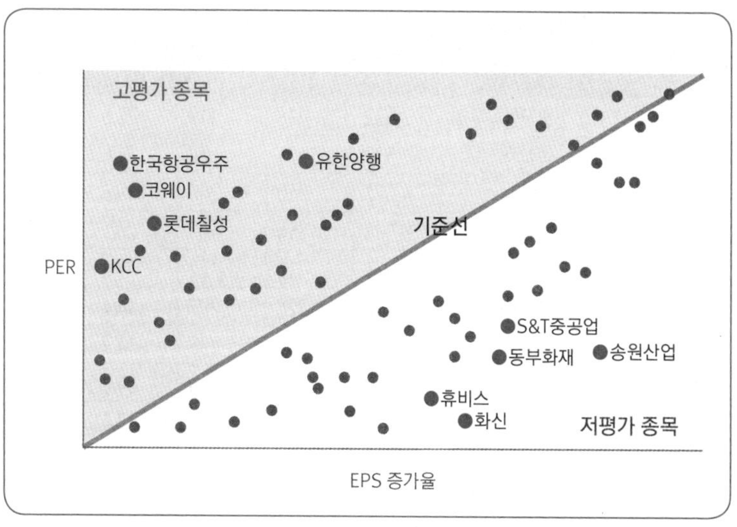

주: PER은 2013년 예상 PER 순위, EPS 증가율은 2014년 예상 EPS 증가율 순위로 표준화

자료: WISEfn

물론 PER과 EPS 증가율을 이용한 모델이 100% 맞는 모델이라고 할 수 없다. 업계에서 1위를 하는 기업의 경우 1위가 가지는 시장 지배력과 이익 안정성에 대해 시장에서 프리미엄을 주기 때문에 이익 증가율에 비해 비싸게 거래되는 것이 정상이다. 반대로 이익 증가율이 높더라도 기업이 처해 있는 비계량적 위험 요인, 예를 들어 계열사 위험 등에 노출되어 있는 회사는 싸게 거래되는 것처럼 보여도 실제로 싼 것이 아닐 수도 있다. 이러한 비정

표6-7 PER과 EPS 증가율로 판단한 고평가와 저평가 종목

구분	종목코드	종목명	시가총액 (십억 원)	예상 이익		PER(배)	EPS 증가율(%)
				2013F	2014F	2013F	2014F
고평가 종목	047810	한국항공우주	2,622	116	119	22.6	2.5
	006280	녹십자	1,537	71	72	21.6	0.6
	021240	코웨이	4,627	240	260	19.3	8.2
	051900	LG생활건강	8,543	354	401	24.1	13.2
	005300	롯데칠성	1,971	112	122	17.6	8.7
	001300	제일모직	4,714	328	297	14.4	-9.6
	002380	KCC	4,518	319	238	14.2	-25.2
	012750	에스원	2,360	98	114	24.2	16.7
	000100	유한양행	2,058	88	104	23.4	17.9
저평가 종목	053000	우리금융	10,317	919	1,287	11.2	40.0
	003570	S&T중공업	455	39	55	11.7	42.2
	003600	SK	9,251	1,220	1,522	7.6	24.7
	005830	동부화재	3,398	314	443	10.8	40.9
	004490	세방전지	697	76	101	9.2	32.9
	079980	휴비스	359	41	53	8.8	31.0
	120110	코오롱인더	1,486	146	205	10.2	41.0
	004430	송원산업	269	24	43	11.4	83.1
	004800	효성	2,455	224	356	10.9	58.9
	010690	화신	440	54	74	8.2	36.9

주: 2013년 10월 30일 기준
자료: WISEfn

량적인 위험 요인을 고려하지 못한다는 것이 퀀트 모델의 단점이기는 하다. 하지만 코스피200 종목 중 어떤 종목이 비싸고 싼지 판단하는 데 퀀트 모델만큼 빠르고 효율적이며 객관적인 방법은 없다. 퀀트 모델을 활용해 주식의 고평가·저평가 여부를 1차적으로 판단한 후 비정량적인 요소들을 추가적으로 판단한다면, 투자할 가치가 있는 좋은 투자 종목들을 좀 더 높은 확률로 찾아낼 수 있을 것이다.

이닝 종료

Win Share를 도입한 LG 트윈스의 가을 야구

LG 트윈스는 2010년 시즌 종료 후 새로운 연봉제를 적용해 선수들의 연봉협상 기준으로 삼았다. 신(新)연봉제라 불리는 이 제도의 핵심 원칙은 연봉의 50%를 지난 시즌의 Win Share를 이용해 책정한다는 것이다. 구단 고위 관계자들의 내부 고과 성적만을 바탕으로 연봉 인상률이 책정됐던 기존 제도와 비교하면 세이버메트릭스를 반영한 LG의 연봉 시스템 변화는 국내 프로야구에서 획기적인 사건이다. 이 연봉 시스템의 도입으로 2010년 5억 원을 받았던 박명환 투수의 연봉은 2011년에 5,000만 원으로 책정돼 무려 90%나 삭감됐다. 한편 신인 유격수인 오지환 선수의 연봉은 2,400만 원에서 1억 200만 원으로 325% 상승했고, 작뱅(작은 이병규)이라 불리는 이병규(7번) 선수는 2,800만 원에 1억 원으로 257% 상승한 연봉을 받게 됐다.

새로운 연봉 시스템의 효과 때문일까? 연봉 책정 기준을 바꾼 후 3년 뒤인 2013년, LG 트윈스는 11년 만에 정규 시즌 2위로 포스트 시즌에 진출해 오랫동안 가을 야구를 기다려온 팬들의 바람을 실현했다. LG팬들의 마음을 움직인 것이 단지 표면적으로 비춰지는 성적뿐만이 아니다. 많은 LG 팬들은 선수들의 플레이 속에서 모래알과 같은 팀이라는 비난을 거세게 받았던 과거 암흑기의 모습을 더 이상 발견할 수 없다고 말한다. 경기 끝까지 열심히 하는 근성 있는 모습이 2013년 LG 트윈스의 새로운 모습이고, 팬들은 이런 변화된 모습에 더 열광했다.

필자는 이런 LG 트윈스 변화의 중심엔 신연봉제도가 있다고 본다. 이 연봉제도 시스템에 따르면 신인선수라도 승리에 많은 기여를 할 경우 단숨에 역대 연봉을 받을 수 있다. 반대로 과거의 명성으로 한 자리를 차지하던 노장들 역시 과거 명성이 아닌 진정한 베테랑이 되기 위해 플레이 하나하나에 집중하고 몸 관리에 많은 노력을 기울여야 했다. 신인 선수들의 약진뿐만 아니라, 이병규(9번), 박용택, 정성훈, 이진영, 봉중근과 같은 베테랑들의 활약이 유독 LG에서 두드러지게 나타나는 점을 이런 연봉 시스템의 변화의 긍정적인 효과라고 할 수 있다.

하지만 LG 트윈스의 신연봉제는 도입 초기에 야구 관계자와 언론으로부터 많은 비판을 받았다. 그 비판의 중심에는 세이버메트릭스에 대한 의구심과 한국과 미국의 다른 환경을 지적하는 경우가 많았다.[50]

비판1: 지난 시즌의 성적으로만 연봉을 결정한다

일부 팬들은 LG가 선수들에게 적용하고 있는 새로운 연봉책정 방식이 메이저리그 모델을 따른 것이라고 알고 있다. 하지만 세이버메트릭스를 활용했다고 해서 메이저리그식이라고 말할 수 없다. 둘 사이에는 근본적으로 다른 점이 존재하기 때문이다. 우리나라 프로야구의 연봉제는 기본적으로 '이 선수가 지난 시즌에 얼마나 잘했나'를 따져서 인상율이 정해지고, 그렇게 산출된 인상율을 지난 시즌 연봉에 적용하여 다음 시즌 연봉을 결정한다. 반면 메이저리그는 '이 선수가 다음 시즌에 얼마나 해줄 것인가'를 고려하여 연봉을 결정한다. 물론 지난 시즌에 잘한 선수일수록 다음 시즌에도 잘할 가능성이 큰 것이 당연하지만, 당장은 보여준 것이 없는 선수라 하더라도 앞으로 가능성을 따져서 많은 연봉을 받게 되는 경우도 있다.(중략) 이렇게 우리나라 프로야구의 연봉은 '과거'에 기초하고 있다면, 메이저리그는 '미래'에 초점이 맞춰져 있다. 그리고 LG의 신연봉제 역시 그 기준은 철저히 과거, 즉 지난 시즌의 성적에 맞춰져 있다. 다른 것이 있다면 기존의 연봉은 고려하지 않고 '해당 시즌의 성적이 얼마만큼의 가치인가'만을 고려한다는 점이다.

비판2: 미국과 한국의 야구 문화는 다르다

Win Share는 아주 정교하게 만들어진 야구통계다. 하지만 만능은 아니다. 미국의 야구와 우리나라의 야구는 그 기원만 같을 뿐, 서로 다른 문화와 분위기 속에서 성장해왔다. 따라서 일부 기록에 대한 두 나라 야구 관계자들의 시각은 매우 큰 차이를 보이기도 한다. 대표적인 기록이 바로 '도루'다. 대부분의 세이버메트릭스 항목이 그렇듯, Win Share 역시 도루라는 기록의 가치를 매우 낮게 매긴다. 세이버메트리션들은 '성공률이 75%가 넘지 않는다면, 도루는 쓸데없는 짓'이라고 말한다. 즉, 한 시즌 동안 75개의 도루를 성공시킨다 해도 25번의 도루 실패를 기록했다면, 도루왕에 등극한다 해도 그 기록은 무의미하다는 뜻이다. (중략) 그리고 가장 큰 문제가 바로 앞서 언급했던 '기존의 공헌도'를 인정하지 않는다는 점이다. LG는 2010년부터 이 제도를 도입했는데, 그 결과 신인급 선수들은 의욕에 불타게 되었지만, LG에 오랫동안 몸담아왔던 선수들은 그간 쌓아왔던 공적들이 모두 허사가 되고 말았다. 그동안 해온 것들이 있는데, 지금부터 모두에게 동일하게 적용한다고 하여 '공평한 제도'라고 말한다면 그건 억지다.

이러한 비판들을 자세히 살펴보면, 출루율을 기준으로 선수를 평가하겠다는 빌리 빈의 방식에 저항하는 오래된 코치들의 비난과 다를 바 없다. 위의 비판의 경우 LG의 신연봉제도가 지난 시즌의 성적으로 연봉을 결정한다고 비판하면서도, 우리나라에서 관행처럼 이어온 기존 공헌도를 인정하지 않는다는 점을 다시 비판하는 논리적 모순에 빠져 있다.

지난 시즌의 성적만으로 연봉을 결정하는 것에 대한 비판은 어떠한가? 미국은 100년 이상 축적된 데이터를 바탕으로 선수들의 성적을 예측하고자 하는 모델에 대한 연구가 많이 이루어져 있기 때문에, 그 모델을 일부 활용할 수 있다. 이러한 개념은 실제 주식을 분석하는 데 있어 실제치(actual 또는 trailing)를 사용하는가 아니면 예측치(forecast 또는 forward)를 사용하는가에 대한 문제와 같다. 애널리스트들이 추정치를 발표하는 대형주의 경우 예측치를 사용하지만, 해당 종목을 분석하는 애널리스트가 없는 많은 중소형주들의 경우 실제치를 사용해 적정 가치를 평가하는 것이 기본이다. 미국은 예측치를 사용하는데 우리나라는 지난 시즌 결과를 사용한다는 점을 지적하는 것은 미국과 우리나라의 활용 가능한 데이터의 양을 무시하는 것이다. 최선이 아닌 차선을 선택했다고 해서 그 결정을 악(惡)이라고 단정 짓는 것은 발전적인 비판이 아니다.

또한 미국과 우리나라의 야구 문화가 다르다는 점을 들며 우리나라는 도루에 많은 가치를 둔다고 하지만, 실제 도루가 우리나라 프로야구에 얼마만큼의 영향을 미치는지 연구된 바가 없다. 얼마나 다른지 모르는 상태에서 세이버메트리션들에 의해 연구된 75%가 틀린다고 단정 짓는 것은 대안 없는 비판과 다를 바 없다. 그리고 신연봉제 도입 3년 차에 가장 많이 활약했던 선수들은 그동안 LG에서 공적을 쌓아왔던 나이 많은 베테랑 선수들이었다.

필자가 여기에서 신연봉제에 대한 기존 비판들을 다시 비판하고자 하는 것은 아니다. 우리가 명심해야 할 것은 아무리 좋은 모델이라고 하더라도 비판받을 수 있는 단점들은 분명히 존재한다는 것이고, 장점으로 인한 긍정적인 면이 단점으로 인한 부작용보다 클 경우 한 번쯤은 시도해 볼 만한 가치가 있다라는 사실이다. 기존 우리나라 프로야구에서 관행적으로 이루어졌던 연봉 협상 과정에 Win Share라는 세이버메트릭스 개념을 적용한 LG 트윈스의 결정은 과거에 머물러 있던 국내 프로야구 연봉협상 시스템에 새로운 변화를 가져왔다. 이 책에서 우리가 야구 감독의 시각을 갖자는 점을 여러 차례 강조하는 이유는 단점에 대한 비판을 감수하고 자신이 옳다고 생각하는 모델을 행동에 옮기는 감독의 결단력과 실천력이라는 자질의 중요성을 부각시키기 위해서다. 주식투자자들도 마찬가지다. 주식을 사야 할 이유가 100가지이면 사지 말아야 할 이유 역시 100가지다. 하지만 자신이 합당하다고 생각하는 전략과 밸류에이션 모델이 있다면, 사지 말아야 할 이유가 있음에도 불구하고 자신이 책임질 수 있는 범위 안에서 행동으로 옮기는 것이 중요하다.

46) 정규 시즌이 끝난 후 선수들의 이적과 연봉협상이 진행되는 기간

47) 공교롭게도 기업가치에 대해 서로 다르게 생각하는 투자자들이 있기 때문에 삼성전자 주식이 거래된다.

48) 빌 제임스의 WS는 전체 승리에 3을 곱한 수치가 총량이 되도록 설계되었다. 다시 말해 WS가 30인 선수는 30에서 3을 나눈 10경기 승리를 책임졌다고 계산된다. 하지만 이 책에서는 밸류에이션의 개념을 설명하는 것이 목적이므로 WS 수치 1이 1경기 승리에 해당하는 가치가 되도록 수정했다.

49) 2011년 1월 15일, 이대호, 한국프로야구 선수협회

50) 카이져의 야구 칼럼/프로야구 이야기, 2012. 1. 17, 김홍석, "LG의 신연봉제는 아직 허점투성이다"

7회

예측의 기술

지금까지 데이터 야구와 데이터 투자라는 주제로 세이버메트릭스와 퀀트 투자의 장점에 대해 설명했다. 그렇다면 이 장점들을 통해 우리가 기대하는 것은 무엇인가? 바로 야구의 승부와 주가를 좀 더 정확하게 예측하는 것이다. 야구 감독의 목표가 앞으로 더 잘 치고 잘 던지는 선수를 경기에 출전시켜 더 많은 승리를 챙기는 것이고, 포트폴리오 매니저의 목표가 상승할 종목을 찾아내 수익률을 극대화하는 것이라고 한다면, 이 목적에 항상 포함되어 있는 '앞으로'라는 미래지향적인 단어에 주목할 필요가 있다. 이번 회에서는 일반인들이 잘못 알고 있는 예측에 대한 고정관념을 바로잡고, 감독과 투자자가 집중해야 할 예측의 영역을 살펴보도록 하겠다.

예측의 선택 - 평균회귀 아니면 추세추종

우리가 야구 기록을 보는 이유는 무엇일까? 야구팬에게 있어 기록은 응원하는 선수와의 추억일 수 있지만 감독에게 기록은 그 선수가 앞으로도 과거와 같은 성적을 올릴 수 있는지를 판단할 수 있는 중요한 자료가 된다. 과거부터 꾸준한 성적을 올려왔던 선수라면 과거만큼의 성적을 앞으로도 올릴 수 있을 것이라는 확신을 가지고 선수를 기용할 수 있는 반면, 성적이 들쭉날쭉한 선수는 앞으로 어떤 성적을 올릴지 예측이 어려울 수 있다. 선수들을 트레이드하는 스카우터의 경우 앞으로 잘할 선수를 저렴하게 영입하고 앞으로 부진이 예상되는 선수를 비싸게 파는 것이 목적이므로 과거 기록을 바탕으로 미래 성적을 예측할 수 있는 능력이 중요하다.

포트폴리오 매니저 또한 투자하려는 기업의 미래 이익을 예측해 투자 여부를 결정해야 한다. 매니저가 재무제표를 보는 것은 마치 한 선수의 과거 기록을 보는 것처럼, 지금까지 달성한 재무성과를 기준으로 미래를 예측하기 위해서이다. 예를 들어 작년에 1조 원의 이익을 거둔 회사의 사업 환경을 분석해본 결과 올해의 사업 환경이 훨씬 더 나아진다는 결론에 이른다면, 이 회사는 올해 1조 원보다 더 많은 이익을 달성할 수 있을 것이라고 예측할 수 있다. 미래 예측을 위한 기준점으로 재무제표를 이용하는 애널리스트와 매니저는 과거에 있었던 일들을 오류 없이 완벽하게 기록하는 것이 목표인 회계사들과 전혀 다른 방식으로 재무제표를 해석한다.

그렇다면 야구 전문가들이 선수들의 성적을 어떻게 예측하는지 간단한 예를 통해 살펴보도록 하자. [그래프7-1]은 삼성 라이온즈 이승엽 선수의 2013년 6월 말까지의 10경기 평균 타율 추이를 나타낸 자료이다. 이승엽 선수는 5월까지 평균 2할 5푼의 타율을 유

그래프7-1 2013년 6월까지 이승엽 선수의 타율 추이

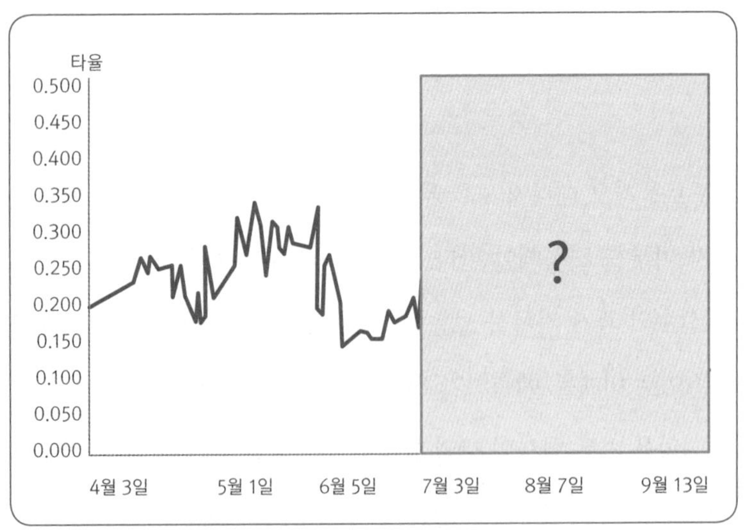

자료: 한국야구위원회(KBO)

지하다가 6월 들어 2할에 못 미치는 타율을 기록했다. 필자는 주변 야구팬들에게 이 그래프를 보여주고 향후 이승엽 선수의 타율이 어떻게 변할지 예측해 달라는 간단한 설문조사를 했다. 단, 설문 대상자를 두 그룹으로 나누어 한 그룹은 이 타율 그래프가 이승엽 선수 기록이라는 사실을 이야기한 반면, 다른 그룹에는 선수의 이름을 밝히지 않았다. 재미있는 사실은 이 두 그룹의 예측이 판이하게 달랐다는 것이다.

그룹 A - 이승엽 선수의 타율이라는 것을 알려준 설문 그룹

시즌 초반 2할 5푼의 타율은 과거 이승엽 선수의 타격 성적과 비교했을 때 다소 저조한 성적이지만, 나이를 생각하면 잘해주고 있는 것으로 판단한다. 6월 들어 타율이 2할에 미치지도 못했는데 일시적인 슬럼프로 생각한다. 이승엽 선수 정도의 경험 많은 타자는 슬럼프를 극복할 수 있는 방법을 알기 때문에 곧 부진에서 벗어나 높은 타율을 달성할 것으로 예상할 수 있다.

그룹 B - 어떤 선수의 타율인지 알려주지 않은 설문 그룹

시즌 초반 리그 평균 타율 수준인 2할 5푼 정도를 친 이 타자는 리그 평균 수준의 타격을 갖고 있다고 볼 수 있다. 하지만 6월 들어 2할의 타율을 치지 못한다는 것은 타격에 큰 문제가 있다고 볼 수밖에 없다. 길게 보면 2할 5푼 정도로 회복할 수도 있겠지만, 슬럼프에 빠져들었다면 이 현상이 지속될 수 있다. 이 선수에게 공격 말고 다른 능력, 예를 들어 수비가 중시되는 포수가 아니라면 당분간 이 선수를 선발 라인업에서 빼는 것이 적절해 보인다.

요약하자면 이승엽 선수의 타율임을 아는 그룹 A의 응답자들은 타율이 곧 회복될 것으로 예상한 반면, 어떤 선수의 기록인지 모르는 그룹 B의 응답자들은 타율 회복보다 저조한 타율이 지속될 것이라는 예상을 했다고 볼 수 있다. 이렇게 서로 다른 예상을 한 판단의 근거를 투자전문 용어로 평균회귀(mean-reverting)와 추세추종(trend-following)이라고 한다. 타율이 지금 당장 저조하지만 이승엽 선수의 위기 극복 능력을 통해 다시 과거 평균으로 도달할 것이라고 예측한 그룹 A는 평균회귀를 바탕으로 미래를 예측한 반면, 현재의 저조한 타율이 지속될 것이라는 예측을 한 그룹 B는 추세추종을 바탕으로 미래를 예측했다고 할 수 있다.

주식투자에서도 대부분의 예측은 결국 평균회귀와 추세추종을 결정하는 문제로 볼 수 있다. 지금까지 고성장을 한 기업이 앞으로도 고성장을 지속할 것인가(추세추종), 아니면 고성장을 마무

표7-1 저항선과 지지선

기준선	설명
저항선	·주가가 상승할 때 강력한 매도 주문이 들어와 더 이상 상승하지 않고 하락하는 주가를 저항 가격이라고 하며, 그 가격들로 이어진 가격선을 저항선이라고 한다. ·주가가 일정한 주기를 가지고 등락을 반복할 때, 이전 주기의 고점 가격들이 저항선의 기준이 된다. ·주가가 저항선을 상향 돌파했을 때, 기존의 저항선은 지지선이 될 가능성이 높다.
지지선	·주가가 하락할 때 강력한 매수 주문이 들어와 더 이상 하락하지 않고 반등하는 주가를 지지 가격이라고 하며, 그 가격들로 이어진 가격선을 지지선이라고 한다. ·주가가 일정한 주기를 가지고 등락을 반복할 때, 이전 주기의 반등 가격이 지지선의 기준이 된다. ·주가가 지지선을 하향 돌파했을 때, 기존의 지지선은 저항선이 될 가능성이 높다.

자료: 안혁, 〈차트레알사전〉 한국투자증권, 2013.5.15.

리하고 저성장으로 돌아올 것인가(평균회귀)에 대한 고민 역시 평균회귀와 추세추종의 문제로 바꿔 생각할 수 있다. 투자자들이 많이 보는 차트 분석 역시 마찬가지다. 가장 많이 보는 기술적 분석 방법 중의 하나인 저항선(resistance level)과 지지선(supportive level)의 예를 들어보자(표7-1).

[그래프7-2]는 3,500원에 저항선이 형성되어 있는 한 종목의 주가이다. 이 종목이 1,500원부터 상승해 현재 3,500원 수준까지 도달했다고 생각해보자. 만약 투자자가 이 종목의 상승 에너지가

그래프7-2 **저항선과 지지선 예**

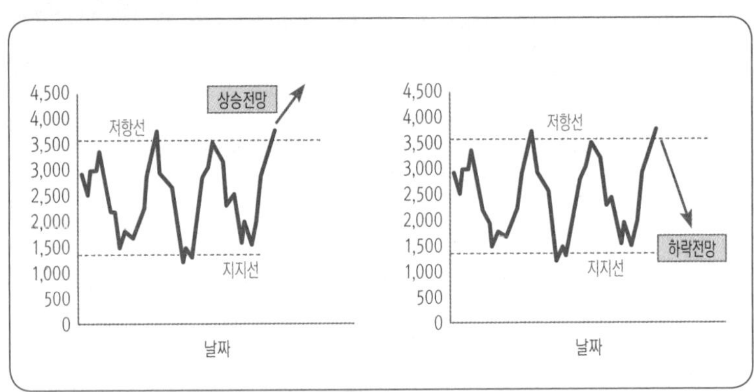

자료: 안혁, 〈차트레알사전〉 한국투자증권, 2013.5.15.

강해 그동안에 형성된 3,500원 저항선을 돌파해 상승을 지속한다고 예측하고 매수를 한다면 이 투자자는 추세추종에 기반한 예측을 했다고 볼 수 있다. 반면, '저항선에 도달한 주가는 다시 하락할 것이다'라고 예측한 투자자는 평균회귀에 바탕을 둔 예측을 했다고 볼 수 있다.

물론 어떤 투자자의 예측이 맞았는지는 그 이후에 전개될 주가 추이에 따라 달라질 것이다. 중요한 것은 주가 예측을 상승과 하락이라는 문제로 보기보다 추세추종 할 것인가 평균회귀 할 것인가의 문제로 예측의 관점을 바꾸는 것이다. 상승과 하락으로 주가

표7-2 예측 방식의 변화 필요

기존 예측 방식	새로운 예측 방식
상승할 것이다	추세추종 할 것이다
하락할 것이다	평균회귀 할 것이다

를 구분하는 것보다 좀 더 장기적인 국면 변화를 찾아낼 수 있는 장점이 있기 때문이다.

그렇다면 앞선 설문의 결과는 어떻게 평가할 수 있을까? 실제 설문 이후 이승엽 선수의 타율을 살펴보자. 이승엽 선수는 7월 이후 평균 3할 대의 타율을 유지하다가 8월 중순 이후 곤두박질치기 시작해 시즌 말미의 10경기 평균 타율은 1할 대에 불과했다(그래프7-3). 평균회귀와 추세추종 관점에서 보면 이승엽 선수의 타율은 7월부터 8월 중순까지의 평균회귀 구간과 8월 중순부터 정규 시즌이 끝날 때까지의 추세추종 구간으로 나눌 수 있다. 평균회귀 관점을 제시한 그룹 A와 추세추종 관점을 제시한 그룹 B의 예측이 부분적으로 맞았다고 볼 수 있다. 만약 예측을 평균회귀와 추세추종이라는 관점이 아닌, 상승과 하락 여부로만 예측하라고 하면 어떻게 될 것인가? 아마도 상승과 하락이 수차례 반복되는 변덕스러운 타율이 되어 정확한 예측을 하기가 더 어

그래프7-3 **2013년 정규시즌 이승엽 선수의 타율 추이**

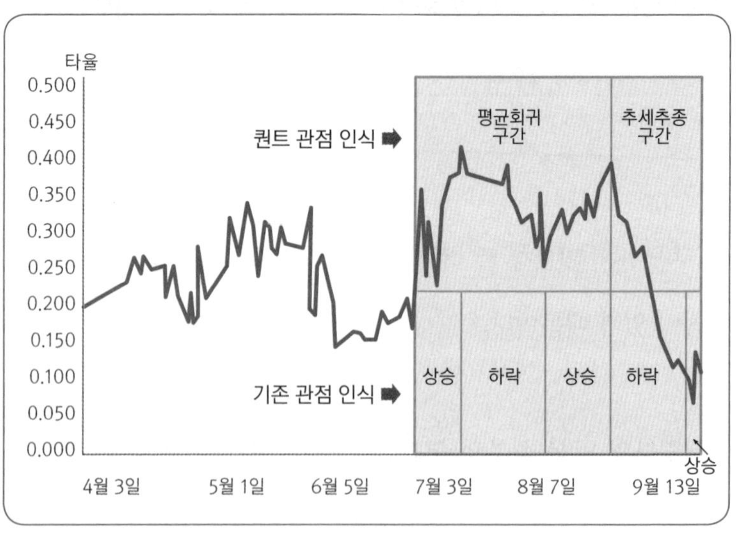

자료: 한국야구위원회(KBO)

려워질 것이다.

예측의 본질 - 사전적이어야 할 것

투자를 하다 보면 자신의 예측과 달리 가는 주가에 당황한 적이 한두 번이 아닐 것이다. 하지만 보통 투자자들을 더 혼란스럽게 하는 것은 자신을 제외한 다른 투자자들은 자신보다 더 잘하는 것처럼 느껴질 때가 많다는 데 있다. 예측의 정확성은 둘째 치고 다른 사람들보다 못 맞추는 자기 자신의 능력에 실망하는 것이 투자자에게 더 큰 좌절감을 가져다준다. 재미있는 사실은 누구나 비슷한 감정을 느끼고 있다는 것이다. 왜 그럴까?

그 이유는 자신이 맞춘 것을 과장해 남들에게 알리고 틀린 것은 숨기는 인간의 본질적인 심리 행태에서 찾아볼 수 있다. 어느 날 갑자기 '이번에 주식투자해서 2배 벌었어'라고 자랑하는 사람이 있다면, 그 사람은 그전에 많은 돈을 잃었을 가능성이 매우 높다. 장기판에서 훈수를 두는 사람 역시 자신의 훈수가 틀리면 조용히 지나가지만, 훈수가 맞으면 자신이 맞았다는 것을 장기 두는 사람에게 재차 강조하면서 싸움으로 이어진다. 투자 전문가들 역시 자신이 틀렸던 예측은 조용히 지나가지만 맞춘 예측은 두고두고 자랑하는 경우를 심심치 않게 발견할 수 있다.

따라서 자신의 예측을 남들과 비교하려는 자세는 버려야 한다. 예측에 대한 절대적인 기준인 50%의 확률을 지속적으로 넘는 예측력을 갖고 있다면 그 자체로 충분히 좋은 예측을 하고 있다고 보아야 한다. 반대로 지속적으로 50%보다 낮은 예측력을 보여준다면 실제로 투자할 때는 원래 예상과 반대로 투자하면 된다. 이를 위해서는 자신의 예측력에 대한 정확한 판단이 필요하며, 자신의 예측 일지를 꾸준하게 기록함으로써 예측력을 정확히 측정할 수 있다. 이 예측 일지에는 그 당시 예측한 것과 사후 결과, 그리고 예측의 맞고 틀림을 꾸준히 기록되어야 한다. 가장 중요한 것은 모든 예측은 사전적(ex-ante)으로 이루어져야 한다. 한 번 예측한 것을 사후적(ex-post)으로 고친다면 그것은 더 이상 예측이라고 볼 수 없기 때문이다.

이러한 측면에서 이미 지나간 일을 설명하는 가십성 기사들을 너무 주의 깊게 볼 필요는 없다. 필자가 애널리스트로서 가장 싫어하는 질문들 중의 하나는 '오늘 외국인이 왜 샀나요?', '오늘 주가가 왜 빠졌나요?'라는 식의 질문이다. 과연 이 질문들은 우리가 매매 결정을 하기 위해 필요한 사전적인 예측 정보를 제공해 주는가? 이런 질문을 하는 사람들은 대부분 자신이 아닌 다른 누군가에게 보고하기 위한 목적인 경우가 많다. 만약 정말 투자자의 마인드를 가진 사람이라면 '내일도 외국인이 살까요?'라던지 차라리 '내일도 주가가 빠질까요?'라는 사전적 예측에 초점을 맞춘 질문을 던져야 한다. 어떤 선수가 오늘 경기에 저지른 실책에 관심 있는 사람은 기사 조회수에 관심이 많은 기자이거나 선수 욕하는 것을 즐기는 일부 과격한 야구팬이다. 내일을 준비하는 감독은 이 선수가 다음 경기에도 실책을 할지를 고민해야 한다는 것을 명심하자.

많은 투자 관련 데이터를 접하게 되는 초보 투자자들에게도 사전적인 예상과 사후적인 결과를 분리해서 파악하는 훈련을 키워야 한다. 가장 대표적인 증권사 애널리스트의 분석 보고서의 경우, 기업의 과거 실적과 향후 예상이 동시에 표현되어 있다. [표7-3]의 요약 재무제표와 투자지표의 예를 보면, 애널리스트의 사전적인 예측이 반영된 예상 실적에는 F(Forecast)나 E(Estimate)라는 예측을 뜻하는 알파벳이 포함되어 있는 반면, 과거 확정 실적에는 A(Actual)라는 알파벳이 표시되어 있다. 표에서 2014F, 2015F는 2014년과 2015년의 예상 실적을 의미하며 2011A, 2012A, 2013A는 2011년부터 2013년까지의 실제 실적을 의미한다.

표7-3 애널리스트의 예상 실적이 포함된 재무제표 예시

재무상태표	2011A	2012A	2013A	2014F	2015F
유동자산	48,926	54,848	57,180	61,766	67,100
현금성자산	15,415	19,143	21,919	23,736	25,615
매출채권 및 기타채권	3,846	3,687	3,812	4,128	4,360
재고자산	6,238	6,773	7,624	7,843	8,175
비유동자산	60,554	66,690	71,599	75,503	79,876
투자자산	11,709	13,118	17,253	20,389	24,354
유형자산	19,548	20,740	22,625	24,675	24,675
무형자산	2,660	2,883	3,145	3,406	3,597
자산총계	**109,480**	**121,538**	**128,780**	**137,270**	**146,976**
유동부채	33,164	32,836	33,889	32,291	32,173
매입채무 및 기타채무	6,666	6,841	7,382	7,479	7,389
단기차입금 및 단기사채	7,880	6,782	5,778	3,807	4,034
유동성장기부채	8,320	7,912	8,977	9,096	8,986
비유동부채	35,989	40,785	40,420	40,800	39,960
사채	23,654	26,371	23,825	23,736	23,980
장기차입금 및 금융부채	3,684	4,498	2,859	2,580	2,180
부채총계	**69,152**	**73,620**	**74,309**	**73,091**	**72,133**
지배주주지분	37,113	44,039	50,062	58,985	68,786
자본금	1,489	1,489	1,489	1,489	1,489
자본잉여금	4,114	4,159	4,159	4,159	4,159
자본조정	(1,129)	(1,129)	(1,129)	(1,129)	(1,129)
이익잉여금	32,264	39,993	48,823	58,532	69,196
비지배주주지분	3,215	3,879	4,409	5,195	6,058
자본총계	**40,328**	**47,918**	**54,471**	**64,180**	**74,844**

손익계산서	2011A	2012A	2013A	2014F	2015F
매출액	77,798	84,470	89,867	96,732	103,560
매출원가	58,902	64,972	69,246	74,513	79,646
매출총이익	18,896	19,498	20,621	22,219	23,914
판매관리비	10,867	11,061	11,863	12,653	13,435
영업이익	8,029	8,437	8,758	9,566	10,479

금융수익	748	970	735	807	897
이자수익	476	590	566	628	693
금융비용	780	624	476	438	306
이자비용	512	427	388	337	306
기타영업외손익	47	243	0	0	0
관계기업관련손익	2,404	2,580	2,767	2,975	3,124
세전계속사업이익	10,447	11,605	12,043	13,189	14,437
법인세비용	2,342	2,549	2,674	2,941	3,234
연결당기순이익	8,105	9,056	9,369	10,248	11,203
지배주주지분순이익	7,656	8,562	8,858	9,689	10,592
기타포괄이익	(252)	(1,203)	0	0	0
총포괄이익	7,853	7,854	9,369	10,248	11,203
지배주주지분포괄이익	7,416	7,378	8,858	9,689	10,592
EBITDA	10,364	10,961	11,337	12,201	13,224

현금흐름표	2011A	2012A	2013A	2014F	2015F
영업활동현금흐름	4,132	5,340	12,670	8,530	7,996
당기순이익	8,105	9,056	9,369	10,248	11,203
유형자산감가상각비	1,596	1,701	1,726	1,732	1,792
무형자산상각비	739	823	853	903	953
자산부채변동	(8,596)	(8,312)	2,500	(2,397)	(3,800)
기타	2,288	2,072	(1,778)	(1,956)	(2,152)
투자활동현금흐름	(7,116)	(7,199)	(5,178)	(3,954)	(5,539)
유형자산투자	(2,899)	(3,000)	(2,500)	(2,500)	(2,200)
유형자산매각	10969	(15)	(15)	(14)	
투자자산순증	(3,588)	(3,476)	(4,135)	(3,136)	(3,965)
무형자산순증	(752)	(797)	(1,707)	(1,838)	(1,968)
기타	145	3,179	3,535	2,608	
재무활동현금흐름	3,109	2,573	(4,716)	(2,759)	(578)
자본의증가	11	277	0	0	0
차입금의순증	3,981	3,195	(1,631)	(2,131)	(283)
배당금지급	(458)	(523)	(539)	(539)	(539)

기타	(425)	(376)	(2,546)	(89)	244
기타현금흐름	(109)	(186)	0	0	0
현금의증가	16	527	2,776	1,817	1,879

주요 투자지표	2011A	2012A	2013A	2014F	2015F
주당지표(원)					
EPS	26,894	29,991	31,028	33,938	37,101
BPS	141,666	167,850	190,806	224,815	262,169
DPS	1,750	1,900	2,000	2,000	2,000
성장성(%, YoY)					
매출증가율	16.1	8.6	6.4	7.6	7.1
영업이익증가율	36.4	5.1	3.8	9.2	9.5
순이익증가율	37.5	11.8	3.5	9.4	9.3
EPS증가율	37.5	11.5	3.5	9.4	9.3
EBITDA증가율	28.9	5.8	3.4	7.6	8.4
수익성(%)					
영업이익률	10.3	10.0	9.7	9.9	10.1
순이익률	10.4	10.7	10.4	10.6	10.8
EBITDA Margin	13.3	13.0	12.6	12.6	12.8
ROA	7.9	7.8	7.5	7.7	7.9
ROE	22.1	20.5	18.3	17.3	16.1
배당수익률	0.8	0.9	0.8	0.8	0.8
안정성					
순차입금(십억 원)	27,924	26,472	19,520	15,483	13,565
차입금/자본총계비율(%)	109.1	95.4	76.1	61.1	52.3
Valuation(X)					
PER	7.9	7.3	8.2	7.5	6.8
PBR	1.5	1.3	1.3	1.1	1.0
PSR	0.8	0.7	0.8	0.7	0.7
EV/EBITDA	7.8	7.5	7.6	6.8	6.2

단기 예측은 투기, 장기 예측은 투자

앞선 이승엽 선수 타율 예측에 대한 설문 내용을 다시 생각해보자. 필자의 주변 야구팬들에게 물어보았고, 결론적으로는 이승엽 선수의 타율을 부분적으로 맞춘 사람은 있어도 2013년 남은 기간의 타율 변화를 정확하게 예측한 사람은 없었다. 만약 같은 질문을 전·현직 야구 감독을 비롯한 각 구단의 전문 전력분석원에게 물어본다면 결과는 달라졌을 것인가? 매번 틀리는 시즌 전 전문가들의 야구팀 순위 설문의 결과를 곰곰히 생각해본다면, 야구 전문가라고 할지라도 야구에서 벌어지는 일들을 지속적으로 정확하게 예측하는 사람은 없다고 보는 것이 낫다.

투자 전문가들도 마찬가지다. 애널리스트를 시작하기 전 제도권 밖에서 개인투자를 했던 필자는 제도권 안에 있는 투자 전문가들은 개인투자자들보다 훨씬 시장을 잘 예측할 것이라는 생각을 했었다. 오히려 틀렸을 경우, 개인투자자들의 돈을 뺏기 위한 목적이 의도적으로 개입했을 것이다라고 믿었다. 아직까지도 개인투자자들이 많이 모이는 인터넷 게시판에서는 제도권 내 투자전문가들의 불순한 의도를 비난하는 목소리가 심심치 않게 발견된다. 하지만 막상 제도권에 들어와 애널리스트라는 일을 시작해보니, 과거 개인투자자 시절에 생각했던 것만큼 애널리스트와 매니저들의 예측력은 높지 않았다. 물론 필자의 예측력 또한 높다고 할 수 없다.

처음에는 투자전문가들의 생각보다 높지 않은 예측력에 실망했지만, 야구를 생각해보니 전문가들의 이런 예측력이 충분히 이해가 갔다. 아마도 오랫동안 야구를 보아왔던 팬들이라면 '훌륭한 야구 감독과 전력분석원은 이번 타석에 들어서는 타자가 안타를 칠지 예측할 수 있는가?'라는 질문에 '아니오'라는 대답을 할 것이다. 야구와 투자라는 분야가 기본적으로 무작위성이 많이 작용한다는 지금까지의 필자의 이야기에 동의한다면, 훌륭한 애널리스트와 매니저 역시 오늘의 주가를 예측할 수 없다는 이야기에도 동의할 것이다. 실제로 그렇다. 오늘의 주가, 한 주간의 주가, 한 달간의 주가를 꾸준히 맞히는 것은 아무리 훌륭한 투자전문가라도 할 수 없는 일이다.

그렇다면 우리가 좋은 감독에게 기대하는 것은 무엇인가? 바로 한 시즌의 최종 순위가 높아 포스트 시즌에 진출하는 것, 나아가 우승을 하는 것이다. 지금 당장 한 경기의 승패, 한 타석의 안타 여부를 맞힐 수는 없지만 이길 수 있는 확률을 조금이라도 높이는 것이 바로 감독에게 주어진 미션이다(그리고 야구에서 그 확률은

60%를 넘기는 어려울 것이다). 결국 감독의 능력은 단기 승패가 아닌 장기 승률을 통해 결정된다.

따라서 우리가 애널리스트와 매니저와 같은 투자전문가에게 기대하는 예측력 역시 단기가 아닌 장기적인 관점에서 판단해야 한다. 단기 전망을 맞히지 못한다고 투자전문가들의 의견을 무시한다면, 그들이 강점을 가지고 있는 정확한 장기 전망을 놓칠 수가 있다. 단기 예측은 무작위성이 작용하는 투기의 영역, 장기 예측은 합리적인 판단이 작용하는 투자의 영역이라는 것을 명심한다면, 투자에 필요한 전문가들의 투자 아이디어와 전망 등을 찾아내 투자에 활용할 수 있을 것이다.

이닝 종료

포스트 시즌에서 통하지 않는 빌리의 세이버메트릭스

오클랜드의 신화를 이룬 빌리 빈의 구단 운영 방식은 앞서 〈머니볼〉 사례를 통해 설명했다. 출루율이라는 지표를 기준으로 저평가 선수를 사고 고평가 선수를 팔아 예산 대비 효과적으로 정규 시즌을 운영한 오클랜드는 안타깝게도 포스트 시즌에서 번번이 실패를 했다. 그 이유는 무엇일까?

그것은 160경기 이상을 하는 정규 시즌에 비해 짧게는 5경기에 끝나는 포스트 시즌이 운에 의해 좌우될 가능성이 높기 때문이다. 다시 말해 운이 작용하더라도 경기가 계속될수록 운이 상쇄되는 정규 시즌은 투자 전문가들이 합리적인 판단에 의해 예상할 수 있는 장기 예측의 영역이라고 볼 수 있는 반면, 포스트 시즌은 합리적인 판단보다 운에 의한 무작위성 효과가 크게 작용하는 투기의 영역이라고 볼 수 있다. 세이버메트리션인 파트 팔머는 단일 경기에서 실력에 따라 좌우되는 점수는 경기당 1점인 반면 운에 따라 좌우되는 점수는 경기당 4점이나 된다라는 계산 결과를 제시했고, 빌리 빈 또한 자신의 역할이 플레이오프에서 통하지 않는다는 사실을 인터뷰를 통해 밝히기도 했다.[51)]

이러한 사실에서 알 수 있듯이 합리적이고 과학적인 투자방법을 지향하는 투자자라면 운이 미치는 영향을 줄이는 방향으로 투자전략을 수립해야 한다. 그리고 이런 목적에 부합하는 가장 확실한 방법은 포스트 시즌이 아닌 정규 시즌처럼 샘플의 수를 늘리는 것이다. 그렇기 위해서 단기투자보다 장기투자를 통해 투자 시간의 샘플을 늘리는 방법과 단일 종목보다 여러 종목에 투자하는 분산투자 방법을 적절히 사용하는 것이 필요하다.

포스트 시즌에서 번번이 실패한 빌리의 사례를 통해 개인투자자들은 야구와 주식투자에 운이 많이 작용한다는 사실을 인정해야 한다. 이러한 운의 영향력을 이해한 구단주나 감독은 한국시리즈 우승과 월드시리즈 우승보다 꾸준히 포스트 시즌에 진출할 수 있는 팀을 만드는 것을 가장 중요한 목표로 삼아야 한다. 포스트 시즌에 꾸준히 운이 따라줄 경우 우승도 할 수 있기 때문이다. 하지만 우승 그 자체만을 목표로 삼는 팀의 경우 우승을 하더라도 우승 후에 따르는 부작용이 커 포스트 시즌에 오랫동안 진출할 수 없는 사례를 야구팬들은 많이 목격해왔다. 투자 역시 단기간의 대박을 노리는 것보다 꾸준히 수익률을 쌓아가는 것을 합리적인 투자의 최우선 목표로 생각해야 한다.

51) Micheal Lewis, 《*Moneyball: The Art of Winning an Unfair Game*》, (W. W. Norton & Company, 2004)

판타지 베이스볼 게임

지금까지 야구와 주식이 닮았다는 것, 그리고 주식투자를 한다는 것은 결국 야구 감독이 된다는 것과 마찬가지라는 것을 여러 차례 강조하고 데이터를 이용한 여러 가지 분석 방법을 소개했다. 야구의 경우 세이버메트릭스, 투자의 경우 퀀트라는 분야가 데이터를 이용해 과학적인 경기와 투자를 할 수 있는 효과적인 도구라는 점을 이야기했고, 실제로 이 도구를 이용한 퀀트 투자 프로세스를 소개했다. 지금까지 필자가 소개한 내용의 본질을 이해한 독자들은 과거보다 좀 더 과학적인 사고를 바탕으로 투자할 수 있는 준비가 되었다고 볼 수 있다.

하지만 충분한 경험 없이 바로 투자에 뛰어드는 것은 위험이 따르는 일이다. 그동안 열심히 번 돈을 잃는다는 것은 그 누구의 위로만으로 해소될 수 있는 성질의 것이 아니다. 따라서 본격적인 투자에 앞서 자신의 투자 능력을 테스트해볼 수 있는 모의투자 기회를 갖는 것은 큰 위험 없이 실전 경험을 쌓을 수 있는 훌륭한 2군 무대라고 할 수 있다.

이번 회에서는 대표적인 야구 게임인 판타지 베이스볼 게임을 통해 지금까지 소개한 세이버메트릭스 개념을 실전에 적용시킬 수 있는 사례를 제시하고자 한다. 판타지 베이스볼 게임의 사례를 통해 데이터 야구의 개념을 충분히 테스트해본다면 퀀트 투자를 모의 투자에 적용시키는 것 또한 즐거운 마음으로 시작할 수 있을 것이다.

누구나 감독이 될 수 있는 가상 야구 게임

세이버메트릭스라는 데이터 야구가 과학적이고 합리적이라는 사실을 지금까지 이 책의 내용을 통해 독자들은 충분히 이해했을 것이다. 그런데 여기서 떠오르는 궁금증이 하나 있다. '나는 과연 데이터 야구를 실전에 적용시킬 수 있는 자질과 능력을 가지고 있는가?' 이 질문에 대한 답을 찾을 수 있는 가장 좋은 방법은 직접 감독을 해보는 것이다. 직접 해보고 그 결과가 좋지 않다면 감독을 그만두면 된다. 하지만 그만 둔다는 결정도 우선은 프로야구 구단의 감독이 되어야 할 수 있는 일이다. 많은 선수들도 감독의 자리에 오르기 어려운 마당에, 야구팬이 감독이 되는 것은 현실적으로 불가능하다. 대안으로 필자처럼 사회인 야구팀을 창단해 감독을 해볼 수 있다. 그러나 많아야 1년에 20경기를 치르기도 벅찬 사회인 야구만으로는 감독의 능력을 판단하기 어려운 것이 현실이다.

이러한 현실적인 제약에서 벗어나 감독으로서의 능력을 테스트하기 가장 쉬운 방법은 판타지 베이스볼(fantasy baseball)이라고 불리는 야구 게임이다. 이 게임은 실제 프로야구 선수들로 가상의 팀을 만들어 운영하는 게임으로 1980년대 미국에서 본격적으로 시작된 게임이다. 특히 인터넷을 통해 이 게임에 온라인으로 쉽게 참여할 수 있는 환경이 조성되면서 메이저리그를 기반으로 하는 판타지베이스볼은 400만 명 이상의 팬들이 참여하고 있을 정도로 인기가 높다. 국내에서는 야구 중계를 하는 케이블 방송사, 게임 및 포털 회사들이 제공하는 '카스포인트 라인업(Cass/MBC Sports)', '야구 9단(네이버)' 등의 판타지베이스볼 서비스가 인기를 끌면서 단지 보는 것에 만족해야 했던 국내 야구팬들의 경기참여 욕구를 충족시켜주고 있다.

이 게임 방식은 간단하다. 국내 대표적인 판타지 베이스볼 게임인 카스포인트 라인업의 예를 들어보자. 이 게임에 참여하면 총 20억 원의 사이버 머니가 예산으로 주어지고, 이 예산 범위 내에서 현재 국내 프로야구에서 뛰고 있는 현역 선수를 각 포지션별로 영입한다. 9명의 야수와 선발 투수(SP), 중간계투(RP), 지명타자(DH)를 포함한 총 11명의 선수가 필요하다. 각 선수들의 팀 성적은 [표8-1]의 배점표를 이용해 합산되고[52], 매 경기 높은 점수를 얻는 것이 이 게임의 목적이다. 높은 점수를 얻기 위해서는 매일 벌어지는 총 4개의 프로야구 경기에서 좋은 활약을 펼칠 선수들을 정확히 예측해 팀을 구성하는 것이 유리하다.

표8-1 카스포인트 라인업 배점표

타자 배점		투수 배점	
성적	점수	성적	점수
득점	5	승리	100
1루타	10	세이브	50
2루타	20	홀드	25
3루타	30	이닝	12
홈런	50	삼진	10
타점	10	선발승	25
도루	10	완봉승	25
볼넷/사구	5	완투승	25
결승타	20	패전	-25
희생타	5	피안타	-7
아웃	-5	피홈런	-10
삼진	-10	자책점	-10
병살타	-10	실책/보크/폭투	-5
도루실패/주루사	-5	실점	-5
실책	-10	자책점	-10
포일	-10	블론세이브/홀드	-25

[표8-2]는 필자가 2012년 6월 어느 날 경기를 앞두고 구성한 라인업이다. 선발 투수는 그날 선발예고되어 있던 총 8명의 투수들 가운데 시즌 중반 한창 상승세를 보여줬던 이용찬 선수를 선택했고 중간계투로는 세이브 1위를 달리고 있던 프록터 선수를 영입했다. 야수에서는 많은 홈런으로 넥센의 상승세를 이끌었던 강정호와 박병호 선수를 영입했고, 장타력이 높은 최정과 강민호 선수

표8-2 카스포인트 라인업 점수 계산 예

포지션	선수	연봉(만 원)	소속구단	가성비	최근 점수	시즌 점수
선발 투수(SP)	이용찬	10,200	두산	23.2	0	1,210
중간계투(RP)	프록터	28,250	두산	8.3	-20	1,192
포수(C)	강민호	30,000	롯데	6.6	-10	1,020
1루수(1B)	박병호	6,200	넥센	57.3	-15	1,815
2루수(2B)	서건창	2,400	넥센	63.6	0	780
3루수(3B)	최정	28,000	SK	11.3	20	1,590
유격수(SS)	강정호	18,000	넥센	21.1	0	1,945
좌익수(LF)	김현수	30,000	두산	5.9	35	905
중견수(CF)	이종욱	20,500	두산	2.9	40	305
우익수(RF)	손아섭	13,000	롯데	11.9	-10	800
지명타자(DH)	최주환	2,500	두산	17.2	-5	220

를 각각 3루수와 포수에 배치했다. 이렇게 각 포지션 별로 팀 성적에 큰 도움이 될 수 있는 선수들을 예상해 배치하는 것, 이것이 판타지베이스볼의 감독으로서 할 일이다. 여기서 가장 큰 제약조건은 20억 원이라는 주어진 예산인데, 그런 면에서 연봉이 적으면서 좋은 활약을 보여줄 것으로 기대되는 서건창 선수와 박병호 선수는 팀에 효자 노릇을 할 것으로 판단했다. 이러한 선수들은 대체로 가성비(가격대 성능비)가 높다. 이 라인업은 그날 프로야구 경기가 시작되기 전에 웹사이트를 통해 제출되고, 각 선수들의 그날 경기에서의 성적을 [표8-2]처럼 매김으로써 그날 선수와 팀 성적

이 계산된다.

이날 좋은 성적을 낼 것으로 기대해 선발 투수로 영입했던 이용찬 선수는 7⅔이닝을 던져 1승을 챙겼다. 따라서 이용찬 선수의 점수는 1이닝을 소화할 때마다 10점씩 주어지는 이닝 점수 76.7점을 챙기고 100점의 승리 점수와 선발승일 때 추가되는 25점을 얻었다. 그리고 세부성적에 따른 점수, 즉 3피안타(-30점), 3볼넷(-15점), 1사구(-5점), 3삼진(30점)을 추가해 총 196.7점을 얻었다. 반면, 기대했던 강정호 선수는 1삼진(-5점), 2아웃(-10점), 1실책(-10점)과 1병살타(-10점)로 총 -35점을 기록해 팀 점수를 깎아먹었다. 이렇게 총 11명의 선수가 그날 기록한 총 점수는 276.7점으로 이 게임에 참가했던 1만 8,000여 명의 참가자 중 500위권에 해당하는 좋은 성적을 기록했다. 이렇게 하루하루 얻은 점수들을 쌓아가면서 한 달, 또는 한 시즌 동안 가장 높은 점수를 쌓은 참여자가 우승을 하는 방식이 가장 널리 이용되는 판타지 베이스볼 게임 방식이다.

이 판타지 베이스볼의 핵심은 경기 시작 전에 라인업에 들어갈 선수들을 결정해야 한다는 것이다. 다시 말해 평일의 경우 경기 시작 시간인 6시 30분 전까지 좋은 활약을 펼칠 선수를 예상하고,

그 예상을 바탕으로 선수를 배치하는 작업을 마무리해야 한다는 것이다. 판타지 베이스볼은 감독이 해야 하는 이러한 예측과 결정이라는 일련의 과정을 게임을 통해 간접적으로 체험할 수 있는 기회를 제공한다. 중요한 점은 이 게임을 하면 할수록 감독으로서 성과를 내는 것이 상당히 어려운 일이라는 것을 자연스럽게 경험하게 된다는 것이다. 비난은 누구나 할 수 있지만 행동으로 옮기는 일은 또 다른 문제라는 것을 깨닫게 되며, 감독을 비난만 했던 야구팬의 시각에서 벗어나 진정한 감독의 시각에서 야구를 바라보게 만드는 계기를 주는 것이 바로 이 판타지 베이스볼 게임이다. 더 나아가 이 게임에서 다른 참여자보다 좋은 성적을 꾸준히 내는 사람이 있다면, 그 사람은 야구 감독으로서의 자질이 충분히 있다고 볼 수 있을 것이다.

주식투자에도 판타지 베이스볼과 같이 투자에 간접적으로 참여해 투자 경험을 쌓을 수 있는 모의투자라는 시스템이 있다. 대다수의 증권사들이 투자자들의 교육과 체험을 목적으로 제공해주는 모의투자 서비스를 이용하면 돈을 잃는 부담없이 자신이 생각했던 다양한 전략들을 테스트해 볼 수 있다. 하지만 대다수의 초보 투자자들은 모의투자를 무시하고 직접 주식을 사고팔기에 급급해 손해를 동반한 뼈아픈 시행착오를 많이 겪게 된다. 판타지 베이스볼이 큰 부담 없이 경기 안에서 감독으로서의 시각을 넓히는 데 효과적인 것처럼, 초보 투자자들도 모의투자를 통해 시장 참여자로서의 시각과 경험을 쌓아가는 과정이 필요하다.

판타지 베이스볼의 역사를 통해 알아본 야구 철학의 변화

판타지 게임은 가상의 상황을 만들어 하는 게임으로서, 그중에서도 야구 선수를 바탕으로 가상의 라인업을 운영하는 판타지 게임을 판타지 베이스볼(fantasy baseball)이라고 한다. 게임 참가자들은 선수들의 실제 성적을 바탕으로 자기 팀의 점수를 쌓아나가면서 다른 참가자와 경쟁한다. 특히 판타지 베이스볼은 다른 여러 스포츠를 바탕으로 하는 판타지 게임 중에 가장 어려운 게임 중의 하나로 평가되는데, 정규 시즌을 치르는 100여 게임이 넘는 경기 동안 변덕이 심한 야구 선수들의 성적을 예상해야 하기 때문이다. 하지만 어려운 게임인 만큼 자신의 팀을 운영한다는 보람에 많은 야구팬들을 끌어들이는 매력이 있다. 그렇기 때문에 메이저리그에서도 400만 명 이상의 팬들이 이 게임을 하고 있는 것 아닐까?[53)]

판타지 베이스볼 게임의 초기 형태는 1963년에 나온 스트레오매틱(Strat-o-Matic)이라는 보드게임으로 거슬러 올라간다. 지금과 같이 인터넷이 발달한 시절에는 선수들의 정보가 매일매일 업데이트될 수 있지만, 인터넷이 없었던 1960년대에는 전년도 시즌의 성적을 바탕으로 선수들 카드를 이용해 보드 게임이 진행됐다. 선수 카드에는 그 선수들의 플레이 확률이 기록되어 있는데, 어떤 선수의 타율이 0.333이라면 주사위를 던졌을 때 3번 중의 1번은 안타가 나오도록 게임이 설계된다. 즉, 타율 0.333인 선수 카드를 사고 주사위를 던지면 6개의 주사위면 중에 두 면, 예를 들어 1과 2가 나오면 그 선수는 안타를 친 걸로 간주하고 게임이 진행된다는 것이다. 던지는 주사위 개수를 2개로 늘리면 매 타석마다 타자가 할 수 있는 플레이를 좀 더 세밀하게 구분하여 확률적으로 베팅할 수 있게 된다.

만약 스트레오매틱 게임을 제작한다면 어떠한 방식으로 선수 카드를 만들 수 있을까? 넥센 히어로즈 박병호 선수의 예를 들어 보자. 다음 페이지의 [표8-3]은 2013년 타격 3관왕(홈런, 타점, 득점)을 차지한 박병호 선수의 성적이다. 여러 지표들 중 타율은 4사구와 희생타 등을 제외한 타수를 바탕으로 계산된 확률이기 때문에 타석에 들어설 때의 확률을 이용하는 스트레오매틱에 적용할 수 없다. 따라서 우리는 박병호 선수의 기록을 타석당 확률로 재계산해 게임을 위한 선수 카드를 만들어야 한다. 이 경우, 2013년 박병호 선수 카드를 가진 게임 참여자가 주사위를 던질 경우 1루타가 나올 확률은 0.127(12.7%)이 되고 홈런이 나올 확률은

표8-3 **2013년 박병호 선수 타격 성적**

기본 성적(2013년)							
타석	타수	안타	2루타	3루타	홈런	4사구	삼진
560	469	136	34	0	31	84	111
타석당 비율(2013년)							
1루타	2루타	3루타	홈런	4사구	삼진아웃	아웃	합계
0.127	0.061	0.000	0.056	0.150	0.198	0.409	1.000

0.056(5.6%)이 될 것이다.

이러한 스트레오매틱의 원리는 윷놀이와 유사하다. 4개의 윷짝을 던져 그에 따른 패에 따라 말을 움직이는 윷놀이의 경우 도 또는 걸이 나올 확률은 25%(2할 5푼), 개가 나올 확률은 37.5%(3할 7푼 5리), 윷 또는 모가 나올 확률은 6.3%(6푼 3리)가 된다.[54] 한 가지 다른 점은 스트레오매틱의 경우 가지고 있는 선수 카드에 따라 이 확률이 달라진다. 특히 박병호 선수와 같이 좋은 선수 카드를 가지고 있으면 윷놀이에서 윷 또는 모가 나올 확률이 좀 더 올라가 경기를 유리하게 이끌어갈 수 있다. 윷놀이와 비슷한 확률 개념을 적용한 스트레오매틱은 확률에 바탕을 둔 야구의 본질을 명확하게 이해하고 제작된 판타지 베이스볼 게임이라는 것을 알 수 있다.

전년도 메이저리그 선수들의 성적을 바탕으로 만들어진 스트레오매틱은 선수들의 매 경기 성적을 바로 팀 점수에 반영하는 로티세리(Rotisserie) 스코어링 시스템과 결합하면서 본격적으로 대중 속으로 확산됐다. 현재 가장 많이 쓰이는 게임 방식이기도 한 로티세리 시스템은 1980년 뉴욕의 로티세리라는 이름의 식당에서 야구팬들이 모여서 하던 판타지 베이스볼 게임에서 시작되었다.[55] 이 게임이 가져다준 혁신 가운데 하나는 게임 참여자들이 전년도 선수가 아닌 당해 시즌에 실제로 뛰는 메이저리그 선수들로 구성된 팀을 만들 수 있었고, 더 나아가 이 선수들이 시즌 중에 달성하는 성적을 매 경기마다 반영해 점수를 냈다는 것이다. 이러한 변화는 지난 시즌 성적으로 선수들의 확률이 결정되었던 스트래오매틱과 달리, 게임 참여자들이 실제 메이저리그 선수들의 성과를 예측해 자신의 팀에 반영해야 한다는 것을 의미했다. 즉, 높은 점수를 얻기 위해서는 자신의 팀에 영입한 선수들의 출전여부와 최근 성적, 그리고 건강까지도 확인해야 했다. 어떻게 보면 번거롭기도 한 이러한 작업은 야구를 좋아하는 열정적인 팬들에게는 야구를 즐기는 또 다른 취미로 자리 잡았다. 이러한 로티세리 방식의 판타지 베이스볼은 1980년임에도 불구하고 많은 야구팬들에게 입소문을 타면서 크게 유명해졌다. 〈USA Today〉는 이런 로티세리 베이스볼 리그와의 연계를 통해 주간 단위의 스페셜 리

포트인 〈*Baseball Weekly*〉도 발간함으로써 많은 독자들이 로티세리 베이스볼 리그를 즐기기 위해 자신들의 신문을 구독하도록 유도했고, 이는 〈USA Today〉의 초반 성공에 크게 기여를 했다. 〈USA Today〉의 성공에 자극된 다른 지역 신문들도 다양한 방식의 판타지 베이스볼을 도입하면서 로티세리 방식의 판타지 베이스볼은 미국 야구팬들이라면 누구나 해보는 대중적인 게임으로 자리 잡게 되었다.

신문을 중심으로 대중화됐던 로티세리 방식의 판타지 베이스볼은 컴퓨터와 인터넷의 보급을 통한 온라인 방식의 게임으로 더욱 빠르게 확산되었다. 선수들의 성적과 팀 점수가 인터넷을 통해 더 빨리 업데이트되고 계산되며, 다른 참가자들과 내 점수와의 비교도 손쉽게 할 수 있어 게임하는 재미가 배가 되었다. 우리나라에서도 2000년대 후반 몇몇 인터넷 포털 사이트에서 국내 프로야구를 바탕으로 시범 서비스를 시작함으로써 국내 판타지 베이스볼 게임의 대중화에 기여했다. 특히 2012년부터 '카스포인트 라인업', '야구 9단' 등의 다양한 판타지 베이스볼 서비스가 경쟁적으로 출시되면서 많은 야구팬들이 판타지 베이스볼의 매력에 빠져들 수 있는 기회가 생겼다.

로티세리 시스템을 이용한 판타지 베이스볼 게임의 경우 경기마다 선수들의 활약을 점수화시키는 작업을 필요로 한다. 이 작업을 위해서는 모든 게임 참여자들이 충분히 수긍할 수 있는 선수 성적별 배점표가 있어야 한다. 재미있는 것은 판타지 베이스볼에서 사용되는 배점표가 야구의 오랜 역사와 함께 변해왔고, 배점표의 변화를 보면 선수를 평가할 때 중요하게 생각하는 지표들의 변화를 같이 볼 수 있어 흥미롭다.

초기 로티세리 리그에서 썼던 배점표는 4×4 방식으로 불리었는데 4개의 타격 성적과 4개의 투수 성적을 통해 점수를 산정했기 때문이다. 타자의 경우 타율, 홈런, 타점, 도루가 고려됐고 투수의 경우 승수, 세이브 개수, 평균자책점, WHIP를 통해 선수를 평가했다. 하지만 시간이 지나면서 타자의 경우 득점, OPS, 투수의 경우 삼진수, 홀드수의 중요성이 대두되면서 이 지표들이 추가되어 5×5, 6×6 방식으로 발전해 나갔다(표8-4). 이러한 판단 기준의 확장은 좀 더 현실에 근접한 선수 평가 기준을 찾아 게임 속에 반영하고자 했던 야구 전문가들의 고민이 반영된 것으로, 최근 들어 좋은 타자의 기준을 타율이 아니라 OPS로 평가하는 야구팬들이 늘어가는 것은 야구팬들이 이러한 변화된 배점표를 합리적으로 받아들이고 있다는 것으로 해석할 수 있을 것이다.

표8-4 로티세리 시스템 배점표의 진화

구분	4×4 방식	5x5 방식	6x6 방식
타격	타율	타율	타율
	홈런	홈런	홈런
	타점	타점	타점
	도루	도루	도루
		득점	득점
			OPS
투수	승	승	승
	세이브	세이브	세이브
	평균자책점	평균자책점	평균자책점
	WHIP	WHIP	WHIP
		삼진	삼진
			홀드

이처럼 판타지 베이스볼은 단지 단순한 게임으로만 보기에는 오랜 역사와 많은 야구 팬들의 열정이 녹아 있는 유서 깊은 게임이다. 하지만 그렇다고 해서 이 게임을 심각하게 받아들일 필요는 없다. 우리는 이 책에서 야구를 통해 합리적인 주식투자 방식을 배울 수 있는 훌륭한 교육수단으로 판타지 베이스볼 게임을 소개했지만, 단지 즐기는 목적으로도 충분히 매력 있는 게임이다. 독자 주변에 야구를 좋아하는 사람들이 있다면 이 게임을 통해 내기를 하면서 친목을 다질 수 있을 것이고, 온라인 게임을 이용할 경우 많은 야구팬들 사이에서 자신의 성적도 확인해 볼 수 있다. 필

자 생각에 이 게임이 가장 필요한 사람은 자신이 응원하는 팀이 하위권을 맴돌아 속 터지는 팬들이다. 보통 팀 성적 때문에 상처받는 팬들의 마음속에는 '내가 감독해도 저 감독보다 잘하겠다'라는 생각이 자리 잡고 있는데, 판타지 베이스볼 게임은 이러한 팬들에게 간접적으로나마 감독이 되어 팀을 운영할 수 있는 위안의 기회가 될 것이다.

이기기 위한 전략

그렇다면 판타지 베이스볼에서 높은 점수를 얻을 수 있는 전략은 무엇일까? 가장 확실한 전략은 각 포지션에서 가장 야구를 잘하는 에이스급 선수들로 라인업을 구성하는 것이다. 하지만 이런 상황은 선수 연봉에 상관없는 국가대표팀 구성에서나 있을 수 있는 일이지, 제한된 예산에서 선수들의 몸값을 고려해야 하는 구단 입장에서는 몸값을 무시하고 최고의 선수들만 영입해 팀을 구성하기 어렵다. 특히 모든 참여자들에게 20억 원이라는 한정된 예산을 주어준 카스포인트 라인업에서는 자기가 좋아하는 스타플레이어 몇 명만 포함시키면 남는 돈이 없을 것이다.

제한된 예산이라는 현실적인 제약 조건하에서 우리가 세울 수 있는 최고의 전략은 바로 실력에 비해 연봉이 저렴한 선수들을 발굴하여 라인업에 포함시키는 것이다. 이런 선수들은 소위 말해 가격대비 성능이 좋은 선수로, 2013년의 경우 NC 다이노스의 이재학 투수가 대표적인 저평가 선수라고 할 수 있다. 2013년에 처음 1군으로 진입한 NC의 선발에서 한 축을 담당한 이재학 투수는 10승 5패 1세이브 방어율 2.88의 성적으로 방어율 부분 2위를 차지했다. 하지만 우리가 여기서 주목해야 할 것은 이재학 선수의 연봉이다. 2010년 두산 베이스에서 선수 생활을 시작한 이재학 선수는 NC 다이노스 창단과 함께 새 구단에 지명되었고, 짧은 경력을 반영하듯 연봉은 5,000만 원에 불과했다. 외국인 투수를 제외한 국내 투수 중 이재학 선수 다음으로 잘 던진 투수는 삼성 라이온즈의 윤성환 선수로 13승 8패, 3.27의 우수한 방어율을 기록했다. 중요한 점은 윤성환 선수의 연봉이 이재학 선수보다 6배가 많은 3억 원이라는 사실이다. 윤성환 선수보다 6배나 저렴한 몸값을 지불해 더 좋은 성적을 거둔 이재학 선수를 영입한 NC 다이노스는 어떠한 면에서 저평가 선수 투자에 성공했다고 볼 수 있다.

하지만 2013년 시즌 초반에 이재학 선수의 놀라운 활약을 예상한 사람이 얼마나 있었을까? 결국 남들이 보지 못하는 선수의 숨은 가치를 알아내는 감독의 통찰력이 중요하다고 할 수 있다. 실력 있는 포트폴리오 매니저의 역할도 마찬가지다. 남들이 보지 못하는 기업의 가치를 발견하고, 그 기업의 저평가된 주식을 사서 오를 때까지 기다리는 전략. 바로 워렌 버핏과 같은 투자의 대가들이 오랫동안 주장해 왔던 전통적인 가치투자의 방법과 일맥상통한다. 앞서 '6회 밸류에이션'에서 소개한 가치 평가 방법들이 이러한 저평가 선수와 주식을 찾는 과정에서 활용할 수 있는 계량 모델이다.

다만 저평가 선수를 발굴할 때 가장 주의할 점은 감독 혼자만의 저평가 선수가 되면 안 된다는 것이다. 자신이 볼 때 정말 실력 있는 선수라도 감독을 비롯한 코칭스태프가 그 선수를 경기에 출전시킬 만큼 눈에 띄는 위치에 있어야 적어도 몇 시즌 안에 프로야구에서 주목받을 수 있고, 나아가 시간이 지날수록 그 선수의 진정한 가치를 알게 되어 연봉 상승과 높은 이적료를 기대할 수 있다. 저평가 주식 발굴에도 같은 원리가 적용된다. 다른 사람이 알아주지 않는 저평가 주식은 10년이고 20년이고 계속 저평가 상태로 남아 있어 주가가 오르지 않을 가능성이 높다. 장기적으로 볼 때 저평가 주식은 시장에서 이길 수 있는 전략이지만, 다른 투자자가 그 가치를 알아줄 수 있을 법한 주식을 발굴해야 한다는 점 또한 유념해야 할 것이다.

판타지 베이스볼에서 높은 점수를 얻을 수 있는 또 다른 방법은 선수들의 최근 성적을 이용하는 방법이다. 예를 들어 최근에 타격감이 좋거나 잘 던졌던 선수를 기용하는 추세추종(trend-following) 전략인데, 주식투자에서는 오르는 종목이 계속 오르고 내리는 종목이 계속 내릴 것이라는 예상에 기반한 전략이다. 이와 반대되는 전략은 평균회귀(mean-reverting) 전략이라고 불리는데, 최근의 비이성적인 추세가 다시 평소에 보여줬던 평균점으로 돌아갈 것이라는 믿음에 바탕을 둔 전략이다. 예를 들어 최근 10경기 동안 5할 이상을 치는 타자라면 시간이 지나면 결국 자신의 평균 타율인 2할 5푼으로 떨어질 것이라는 예상을 하거나, 평소 3할 이상 치는 타자가 최근 1할밖에 치지 못했다면 곧 슬럼프를 극복하고 다시 3할을 칠 수 있을 것이다라는 예상에 기반한다. 주식투자의 경우, 단기간에 폭락한 종목이 반등할 것이라 예상하고 매수를 하거나 단기간에 폭등한 종목이 조정을 받을 것이라 예상하고 매도를 하는 전략이 대표적인 평균회귀 전략이라고 할 수 있겠다. 앞서 '7회. 예측의 기술'에서 소개한 방법들을 여기서 응용할 수 있다.

이와 같이 판타지 베이스볼을 통해 점수를 많이 얻을 수 있는 전략을 고민하고 있다 보면 야구 경기에서 이기는 전략과 주식 시장에서 성공할 수 있는 전략이 크게 다르지 않다는 사실을 알 수 있다. 이 번 회에서 판타지 베이스볼이라는 게임을 공들여 소개하는 이유 역시 판타지 베이스볼을 통해 야구 감독의 시각으로 야구를 볼 수 있는 능력을 쉽게 키울 수 있고, 이를 통해 자연스럽게 주식투자를 포트폴리오 매니저의 시각으로 볼 수 있을 것으로 확신하기 때문이다.

저평가 주식에 투자하고 싶은가? 그렇다면 저평가 선수를 찾아 당신의 판타지 베이스볼 라인업에 등록시키고 결과를 지켜보아라. 최근 오르고 있는 종목을 추격 매수하고 싶은가? 최근에 성적이 좋은 선수를 비싼 돈을 주고 라인업에 포함시켜야 하는지의 문제로 바꿔 생각해 본다면 추격 매수해야 할지 말아야 할지 쉽게 판단할 수 있을 것이다. 만약 역사상 최저까지 떨어진 주식의 매수 여부를 고민하고 있는가? 이 고민을 최근 슬럼프를 겪고 있어 프로야구 데뷔 이후 가장 나쁜 성적을 기록하고 있는 선수를 라인업에 포함시켜야 하는 문제로 생각하면 주식투자에서 고민되는 문제들이 현실과 동떨어진 어려운 문제가 아니라는 것을 피부로 느끼게 될 것이다.

이닝 종료

좋은 종목 하나 추천해줘

애널리스트라는 직업 때문인지 친구들과의 모임에 나가면 좋은 종목을 추천해달라는 질문을 자주 받는 편이다. 처음에는 이 질문을 받으면 부담스러웠는데, 이제는 어느 정도 노하우가 생겨서 간단하게 이렇게 대답한다. "나도 잘 모르겠어."

친구들한테서 어떻게 전문가가 모를 수 있냐는 푸념과 자신에게 좋은 정보를 주지 않을 정도로 우리 관계가 돈독하지 못한가라는 의심을 받을 수도 있겠지만, 추천한 종목이 손해나서 서로 어색해지는 것보다 차라리 그렇게 아쉬운 소리를 듣는 편이 낫다라는 말을 해주면 오히려 고맙게 생각하는 경우가 많다. 하지만 이 책에서 솔직히 고백하건대, 사실 필자도 좋은 종목이 무엇인지 잘 모른다.

사실 종목을 추천하는 일은 여러 가지 분석이 필요한 매우 복잡한 일임에도 불구하고 최종적인 추천 종목만 알면 된다는 식으로 간단하게 생각하는 경우가 많다. 그 결과 대부분의 개인투자자들은 유명 애널리스트가 추천한 주식이 어떤 종목인가에만 주목하는데, 주식투자의 가장 중요한 첫 단계는 자기 자신이 주식투자에 적절한지의 여부를 판단하는 것이다. 다시 말해, 추천 종목은 주식투자가 적합한 투자자에게만 의미가 있다는 것이다. 그러한 적합성을 따지지 않고 다짜고짜 투자할 만한 좋은 종목을 골라달라는 것은 마치 병명에 대한 정확한 진단 없이 의사한테 좋은 약을 지어달라고 하는 것이나 마찬가지다.

이렇게 종목 추천의 적정성에 대한 어려움을 이야기했음에도 불구하고 주식투자에 대한 조언을 구하는 친구가 있다면, 아마도 다음 몇 가지 질문들을 아주 집요하게 물어볼 것이다.

"연봉은 얼마야? 투자금액은 어느 정도고 투자기간을 어느 정도로 생각하는데? 지금 가진 재산, 부채는 얼마니? 지금 이 투자금액을 전부 날려도 사는 데 지장 없니?"

아무리 친구관계라고 할지라도 이 정도 질문들을 하면 프라이버시에 대한 보호 본능이 생기게 마련이다. 어쩌면 듣는 친구 입장에서는 살짝 기분이 나빠지기 시작할 수도 있을 것이다. 하지만 그 친구가 주식투자를 위한 추천 종목을 집요하게 물어본 이상, 필자도 위 질문들에 대한 적절한 답을 듣지 않고서 다음 단계로 넘어가는 것은 전문가로서의 양심이 허락하지 않는다. 친구에게 하는 질문이라 좀 직설적인 표현을 쓴 감도 있지만, 이 질문에 대한 답을 들어야만 그 친구에게 적절한 자산운용지침(IPS)[56]을 작성할 수 있다. IPS란 투자자에 대한 투자 상황과 목표 등을 분석한 분석보고서이며 병원으로 말하자면 일종의 진단서라고 할 수 있겠다. 이렇게 IPS를 통해 투자자에 대한 정확한 진단이 이루어져야 비로소 그 친구에게 적합한 처방, 즉 투자계획을 내릴 수 있는 것이다. 물론 그 처방에는 그 친구가 원하는 주식투자가 포함되어 있지 않을 수 있다. 주식투자를 하기에는 현재 그 친구를 둘러싼 투자여건이 주식의 위험을 감당할 만큼 충분히 좋지 않기 때문이다. 주식을 추천해달라고 물어봤다가 주식투자를 하지 말라는 대답을 받은 그 친구로서는 어이없는 상황일 것이다. 필자 또한 난감하기는 마찬가지이다. 하지만 조금만 다르게 생각해보자. 환자가 강력한 진통제를 원한다고 해서 의사가 환자의 상태를 고려하지 않고 환자가 원하는 대로 처방을 내리는 것이 옳은 일일까? 반대로 의사를 찾아가 강력한 진통제를 달라는 환자는 과연 자신의 건강을 생각하는 것일까?

아마도 병원에서 수술을 받았던 환자라면 수술 전 수술동의서에 사인을 한 기억이 있을 것이다. 이 서류에는 "수술에 대한 책임은 수술에 동의한 환자에게 있으며 의사에게 책임을 물을 수 없다"라는 무시무시한 조항이 있다. 막상 저 문구를 보면 수술로 인해 내 생명과 건강에 위협을 받을 수 있다는 사실에 상당히 복잡한 감정을 느끼게 된다. 필자 또한 야구하다가 다쳐 수술을 받아야 해서 수술동의서에 사인을 했던 경험이 있는데, 막상 수술동의서의 문구를 보면서 수술하다가 큰일 나는 것 아닐까 하는 두려움에 상당히 복잡한 감정을 느꼈던 적이 있다.

우리는 수술동의서와 비슷한 종류에 대한 문구를 주식 계좌를 개설할 때나 펀드에 가입할 때 본 적이 있을 것이다. "투자에 대한 책임은 투자자에게 있으며, 투자 추천에 대한 사항은 투자회사에서 책임을 지지 않는다." 주어와 목적어만 바뀌었을 뿐 수술동의서의 무시무시한 문구와 별반 다르지 않다. 하지만 이 문구를 대하는 우리 개인투자자들의 자세는 어떠한가? 수술동의서 정도까지의 진지함을 바라지 않는다고 하더라도 이 문구에 대해 진지하게 생각하는 개인투자자들이 많아 보이지는 않는다. 그동안 자신의 노동과 시간을 통해, 또는 당신을 생각하고 남겨준 누군가의 유산일 수도 있는 투자자금을 이러한 진지한 다짐 없이 주식에 투자하는 것은, 비록 생명만큼 중요하지 않은 돈일지언정 수술동의서 정도로 진지한 마음으로 시작해야 하는 일이다.

괴물 신인이라 불리며 국내 프로야구를 평정했던 류현진 선수는

2013년 시즌부터 LA 다저스의 유니폼을 입고 활약하고 있다. 박찬호 선수 이후 많은 야구팬들의 관심을 다시 메이저리그로 돌려놓은 류현진 선수는 국내 프로야구에서 미국 메이저리그로 진출한 첫 번째 선수라는 점에서 야구팬을 비롯한 대다수 국민의 관심을 끌기 충분하다. 이러한 류현진 선수를 영입하기 위해 LA 다저스를 비롯한 여러 메이저리그 구단들이 들였던 노력들을 살펴보자. 2008년 베이징 올림픽과 2009년 월드베이스볼클래식(WBC)에서 놀라운 활약을 벌인 류현진 선수는 공식적인 자유계약(FA) 신분이 되기까지 5년 이상 남았음에도 불구하고, 미국의 여러 구단에서는 류현진 선수의 실제 투구를 보기 위해 2~3년에 걸쳐 꾸준히 스카우터를 보냈다. 결과적으로 가장 높은 입찰 금액(약 260억 원)을 제시한 LA 다저스가 포스팅 시스템을 통해 FA를 2년 앞두고 있는 류현진 선수를 영입할 수 있었다. 이러한 일련의 선수 영입 과정을 보면 LA 다저스를 포함한 많은 구단이 몇 년에 걸쳐 수차례 직접 스카우터를 보내 자료를 분석하면서 선수 영입 여부와 적절한 입찰 금액, 더 나아가 적절한 선수 연봉 등을 준비해 왔음을 알 수 있다. 다시 말해 LA 다저스의 류현진 선수 영입 결정은 단지 한국에서 가장 잘하는 선수라는 평가를 내린 언론과 관계자의 추천만으로 이루어지는 일이 아니라는 점이다. 국내 프로야구 구단도 마찬가지다. 매년 열리는 신인 선수 지명과 선수들의 트레이드 모두 하루 이틀 만에 즉흥적으로 끝나는 것이 아니라 오랫동안 축적된 조사와 분석을 기반으로 이루어진다. 선수 하나를 영입하는 데 이렇게 많은 준비과정이 필요하다는 상식으로 주식투자를 한다면, 적어도 누군가의 추천만으로 몇 시간 만에 쉽게 주식을 사고파는 습관을 버릴 수 있을 것이다.

52) 카스포인트 라인업(ttp://casspoint.mbcplus.com/about/casspoint/)

53) 〈Forbes〉, 2009. 2. 28, "Tips from fantasy baseball's best"

54) 도 또는 걸이 나올 확률 4/16=0.250, 개가 나올 확률 6/16= 0.375, 윷 또는 모가 나올 확률 1/16=0.063

55) Kelly, Jonathan. 〈Vanity Fair〉, 2012. 4. 9, "Q&A: Fantasy Base-ball Creator Daniel Okrent"

56) 투자자가 포트폴리오 매니저에게 돈을 맡기는 데 있어 포트폴리오 매니저가 지켜야 할 일반적인 규칙에 대한 지침이다. 이 지침에는 운용에 앞서 돈을 맡긴 투자자의 투자 목적과 제약사항에 맞는 기본적인 운용 지침을 설정하고, 포트폴리오는 이 지침에서 규정하는 범위 내에서 자산을 운용해야 한다.

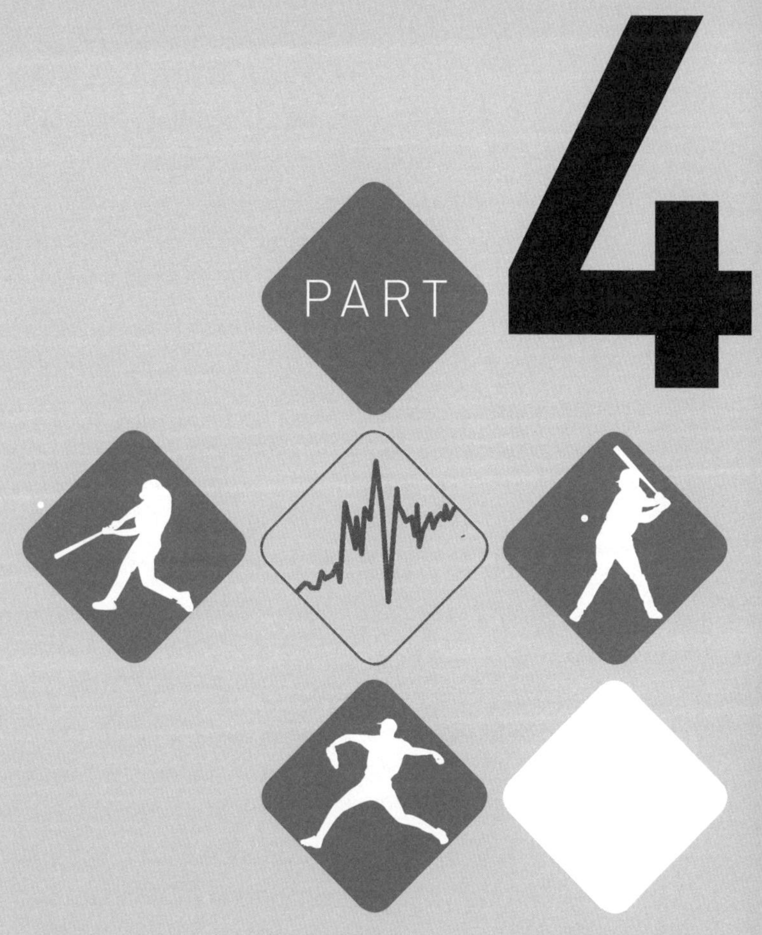

간접투자자를 위한 조언

좋은 감독과 펀드 찾기

지금까지 우리는 주식투자를 직접 하는 개인투자자의 시각에서 야구와 주식에 대한 이야기를 이어왔다. 이 개인투자자들의 특징은 투자자금의 주인과 투자에 대한 의사 결정을 하는 매니저의 역할이 개인이라는 동일인인 것이다. 다시 말해 자기 돈을 직접 운용하는 개인투자자가 우리가 일반적으로 떠올리는 개인투자자의 모습이다. 이번 회에서는 투자자의 자산을 전문가에게 맡기는 투자 방식, 즉 펀드 투자와 같은 간접투자 방식에서 필요한 요소들을 살펴보고자 한다.

이 책을 읽는 대부분의 독자들은 자의이든 타의이든 이미 간접투자를 하고 있을 가능성이 매우 높다. 특히 국민연금과 퇴직연금과 같은 제도를 통해 대다수의 국민들이 법적으로 연금에 가입되면서, 주식투자에 관심이 없는 국민이어도 본의 아니게 간접투자를 하고 있는 상태이다. 투자 주체를 각종 보험까지 확대할 경우 한 국민이 노출되어 있는 간접투자 규모는 상당하다. 따라서 직접투자를 하지 않는 국민이라도 간접투자의 개념과 활용 방법에 대한 기본적인 지식 등을 알고 있어야 한다. 특히 퇴직연금과 연금저축의 경우 연금 가입자가 펀드를 선택할 수 있는 자율성이 주어진다. 자신이 미래에 받게 될 연금 수령액수를 늘리기 위해서 좋은 펀드를 찾는 안목이 과거 어느 때보다 중요해지고 있다.

그렇다면 어떤 기준으로 펀드를 선택하는 것이 좋은가? 펀드 선택은 자신의 연금 자금을 잘 운용할 매니저를 선택한다는 것과 같은 의미이므로 구단주가 자신의 야구팀을 잘 운영할 감독을 선임하는 과정과 근본적으로 유사하다. 즉, 좋은 감독을 고르는 노하우와 좋은 펀드를 선택할 수 있는 노하우에는 공통점이 많다. 이 장에서는 구단주의 입장에서 좋은 감독을 찾는 방법을 소개하고 이를 통해 간접투자를 고민하는 투자자들에게 도움이 될 만한 펀드 선택의 노하우를 제시하고자 한다.

성적이 좋지 못한 감독의 책임은 구단주의 몫이다

언제부터인가 우리나라 프로야구에서 감독의 수명이 짧아졌다. 2011년에는 김성근, 김경문, 조범현 감독이 임기를 다 끝내지 못하고 사퇴했고, 2012년 역시 8개 구단 중 3개 구단의 감독이 바뀌었으며, 조용히 지나갈 것 같았던 2013년 역시 김진욱 감독이 경질됐다. 감독 교체의 명분은 대부분 성적 부진에 대한 책임이다. 경우에 따라서는 구단 내부 파워게임의 희생양으로 교체된 경우도 있다. 하지만 설령 성적이 아닌 다른 이유로 감독을 중도교체하고 싶더라도 팬들과 여론을 의식하지 않을 수 없는 구단으로서는 성적이 좋은 감독을 교체하는 것은 큰 부담이다. 결국 감독으로서 구단과의 계약 연장의 주도권을 가질 수 있는 가장 확실한 협상 카드는 역시 성적이다.

하지만 좋은 성적이라는 것이 어떤 관점에서 보느냐에 따라 다르게 판단할 수 있다. 부상 선수가 많은 가운데에서도 팀 성적 하락을 막은 감독에게 성적이 좋지 않다고 책임을 묻기도 하고, 구단의 지원 부족, 선수들의 불미스러운 행동 등으로 팀의 사기가 떨어진 경우에도 우승하지 못했다고 책임을 묻는 경우도 종종 볼 수 있다. 또한 1999년 이후 8년 동안 58888577이라는 전설적인 순위를 기록한 롯데 자이언츠를 3년 연속 포스트 시즌에 올린 로이스터 감독을 더 좋은 성적을 내지 못했다는 이유로 재계약을 하지 않고 한국시리즈 준우승을 거둔 김진욱 감독을 경질한 두산 베어스의 사례를 보면, 우승하지 못한 감독은 성적이 안 좋은 감독으로 생각해야 할 정도로 최근 우리나라 프로야구는 감독의 성적에 대해 매우 가혹한 잣대를 들이대고 있다.

야구 감독에 대한 높은 기대는 구단뿐만 아니라 야구팬들의 거침없는 비판에서도 찾을 수 있다. 경기에서 지면 그날 선발 라인업부터 경기 중간의 작전 실패 등 감독이 결정한 모든 것을 비난한다. 특히 역전패를 당하면 확실하게 상대방을 제압하지 못하고 역전의 빌미를 마련한 감독 탓을 하고, 큰 점수 차로 지면 경기 초반 분위기 싸움에서 진 것부터 시작해 경기 끝날 때까지 최선을 다해 따라가지 못한 감독을 탓한다. 만약에 역전에 성공했다면? 그것은 운이었다고 생각하며 오히려 처음부터 경기를 지배하지 못해 많은 선수들의 체력을 소진한 감독을 또 탓한다. 감독이 무엇을 하던 감독은 욕먹는 운명을 가지고 태어났다고 말할 수밖에…. 특히 롯데 자이언츠와 LG 트윈스와 같이 열정적인 팬들을 가진 구단의 감독을 맡는 것은 웬만한 배짱으로 하기 힘든 자리이기도 하다. 팬들의 과한 열정으로 홈구장인 사직에서의 승률이 오히려 떨어지는 롯데와 팀 성적이 크게 하락할 때마다 잠실 구장에서 기다리고 있는 성난 LG팬들과 관련된 기사를 보고 있노라면, 야구 감독은 자신이 책임져야 하는 것보다 훨씬 많은 책임을 짊어지는 외로운 존재라는 생각에 측은함마저 느끼게 된다.

하지만 대다수의 야구팬들과 투자자들이 간과하고 있는 사실이 있다. 바로 욕먹는 감독을 선임한 주체는 구단주 자신이라는 것이다. 수비 위주의 야구를 해서 재미없는 경기를 하는 감독이 있다고 치자. 수비형 포수 출신인 이 감독은 자신의 야구 인생을 통해 수비 위주의 야구를 해왔으며 감독이 되어서도 이러한 스타일을 고수해왔다. 이러한 감독에게 공격 위주의 야구를 기대하는 것은 애당초 무리이고 자신의 스타일을 바꾸라는 강요하면 안 된다. 그 감독의 야구가 너무 재미가 없다면 그것은 애초에 그 감독을 임명한 구단에 책임이 있는 것이다.

마찬가지로 수익률이 저조한 펀드에 가입한 투자자가 그 펀드를 운용하는 매니저를 과도하게 비난할 필요는 애초에 없다고 본다. 윤리에 위반되는 것과 같은 도덕적 과실이 아니라면, 그 펀드의 저조한 성과는 전적으로 그 펀드에 가입한 투자자의 몫이다. 가치주 펀드에 가입한 투자자 사례를 살펴보자. 가치주 펀드를 운용하는 매니저는 가치주 선정에 강점을 갖고 있기 때문에 성장주 스타일로 운용 방식을 바꾸기 어렵다. 그렇기 때문에 가치주가 일시적으로 저조한 실적을 보인다고 해서 가치주 매니저에게 성장주 투자를 하라고 강요하는 것은 적절하지 않은 해결책이다. 이 경우 가치주 펀드를 환매하고 성장주 펀드로 투자금을 옮기는 투자자의 선택이 최종 수익률을 결정할 것이다.

운용사의 문화를 파악하라

국내 펀드 수는 2013년 1분기 기준 9,193개로 세계 주요국 펀드 수의 12.4%를 차지해 2위를 기록했다.[57] 하지만 순자산 규모는 1%에도 미치지 못해 자산 규모에 비해 펀드 수가 기형적인 현상을 보였다. 이와 같은 우리나라 펀드 시장의 독특한 특징은 시장의 유행을 따라 출시된 소규모 펀드가 난립했기 때문이며, 장기적인 안목에서 자산을 운용하기보다는 투자자들의 돈을 수탁하기 위한 운용사들의 과도한 경쟁의 결과이다. 하지만 이러한 상황을 운용사들의 책임으로 돌릴 수만은 없다. 운용사 역시 투자자들의 변덕스러운 투자심리를 따라잡기 위해서 유행을 따른 소규모 펀드를 출시할 수밖에 없었기 때문이다. 안타깝게도 이러한 국내 시장의 특성은 스타 매니저가 탄생하기 어려운 환경을 조성해 왔으며, 실제로 많은 일반투자자들의 머릿속에 떠오르는 스타 매니저들의 이름은 많지 않을 것이다.

그렇다면 스타 매니저를 찾기 힘든 국내 간접투자환경에서 투자금을 맡길 수 있는 현실적인 대안은 무엇인가? 필자는 좋은 운용사 선택을 펀드 선정의 기준으로 제시한다. 좋은 운용사에는 좋은 매니저가 있을 가능성이 높기 때문이다. 이러한 점에서 필자가 판단하는 좋은 운용사의 판단 기준은 단기 수익률이 아니라 운용사의 투자 문화이다. 실제로 자신의 아이디어를 운용에 접목시킬 수 있고 권한과 책임에 대한 성과평가가 공정하게 이루어지는 문화를 가지고 있는 운용사에는 좋은 매니저가 몰린다. 일례로 투자에 대한 깊이 있는 고민을 장려하고 성과에 따른 보상을 확실히 하는 운용사의 매니저에게서는 투자에 대한 질문들이 예리하고 자기 일에 대한 충분한 동기 부여가 되고 있음을 느낄 수 있지만, 내부 정치가 강하거나 대표가 단기 수익률에 민감해 매니저들을 다그치는 문화가 형성된 운용사의 매니저들은 투자를 위한 질문보다 보고를 위한 자료를 요청하는 경우가 많다.

국내 프로야구의 역사를 살펴보면 각 구단의 장기성과를 담보할 수 있는 것 역시 구단의 문화라는 사실을 잘 알 수 있다. 특히 국내 재벌 그룹에 소속되어 있는 구단들의 팀 운영 방식, 감독 선정 과정, 장기적인 성적, 그리고 위기에 대처하는 자세 등을 보면 각 그룹의 문화와 무관하지 않다. 장기적인 성과를 내는 구단의 경우 팀 성적이 저조하더라도 충분한 시간과 돈을 투자해 성과가 나올 때까지 기다릴 줄 안다. 또한 그 목표를 위해 선수와 구단이 하나가 되는 문화를 만들어나가고, 팀 구성원들에게 확실한 보상을 해 동기부여가 지속적으로 이루어지도록 한다. 반면, 잘못된 구단 문화로 인해 팀 성적이 급격하게 추락하는 경우에는 해당 구단이 속해 있는 재벌 그룹 역시 비슷한 일로 문제가 발생하는 경우를 쉽게 발견할 수 있다. 기존 선수들에게 동기를 부여하기보다 외부 FA를 통해 단기 성적을 올리려는 팀, 감독 하나 바뀌면 모든 것이 해결될 것으로 믿고 평소 투자를 게을리한 팀, 구단 내부의 정치적인 이해관계가 많아 코칭 스태프와 선수들이 팀 승리보다 내부 정치에 신경을 쓰는 팀들이 잘못된 문화가 초래하는 대표적인 현상들이다.

이러한 점에서 좋은 운용사는 운용에 소질 있는 매니저들이 다른 부차적인 것들에 신경 쓰지 않고 자신의 운용 능력을 충분히 발휘할 수 있는 환경을 만들어주는 문화를 갖고 있는 곳이다. 또한 기업 문화 측면에서 직원들을 효율적으로 관리하고 감독하는 전통적인 제조업 문화보다 구글과 야후 같이 창의적이고 자율적인 기업 문화를 갖고 있을 가능성이 크다. 투자라는 직업의 가치가 무엇을 효율적으로 만든다기보다는 다양한 정보들을 습득하고 판단하는 정보처리 능력에서 창출된다는 점을 생각해보면 운용사가 지향해야 할 기업 문화는 구글과 같은 IT 소프트웨어 분야의 기업 문화와 닮아 있어야 한다.

단기 성과에 집착하지 않아야 한다

단기 성과에 집착하는 조급함은 야구와 투자 분야에서 피해야 할 대표적인 문화이다. 앞서 누누이 강조했지만 다양한 변수들로부터 영향을 받아 무작위적인 특성이 많이 나타나는 야구와 투자 분야에서 단기 성과를 통해 성공과 실패 여부를 판단하는 것은 매우 어리석은 판단이기 때문이다. 따라서 단기 성과에 집착하는 투자자들의 마인드를 바꾸는 것이 직접투자자뿐만 아니라 간접투자자에게도 중요하다.

1956년부터 2000년까지 45년 동안 투자자들에게 연평균 15.3%의 수익률을 안겨 주었던 월터 슐로스(Walter Schloss)와 그의 아들 에드윈 슐로스(Edwen Schloss)의 놀라운 투자 성과를 바라보는 투자자들은 슐로스 부자(父子)와 같은 우수한 매니저들에게 돈을 맡길 수만 있다면 자산을 증식시키는 것은 쉬운 일이라고 생각한다. 하지만 재미있는 점은 장기적으로 좋은 투자 수익률을 달성했던 매니저들에게 오랫동안 돈을 맡긴 일반 투자자들이 별로 없다는 사실이다.

슐로스의 수익률을 살펴보면 왜 이러한 현상이 발생했는지 추론할 수 있다. 슐로스는 연간 10%가 넘는 높은 수익률을 달성했지만 2~3년의 주기를 두고 시장보다 저조한 성과를 보였고, 특히 1989년부터 1998년까지 10년이라는 기간 동안에는 시장보다 낮은 수익률을 기록했다. 슐로스의 투자 철학이 충분히 우수하다는 사실을 머리로 알고 있어도 오랜 기간 동안 기다릴 수 없는 투자자들의 조급함이 장기투자를 방해하는 장애물로 작용했기 때문이다. 실제로 슐로스는 시장보다 저조한 수익률을 기록한 10년 이후 14년 동안 우수한 성과를 달성해 전체 투자기간 동안의 S&P500 수익률의 두 배에 달하는 수익률을 얻을 수 있었다.[58)]

《주식 시장을 이기는 작은 책》으로 유명한 미국의 가치투자자 조엘 그린블라트(Joel Greenblatt) 역시 1985년부터 2005년까지 20년간 연간 40%의 수익률을 올렸음에도 불구하고,[59)] 시장보다 저조한 성과를 보였던 기간이 3년씩 두 번 있었다. 하지만 많은 투자자들은 이 기간을 견디지 못하고 투자를 철회했으며 그로 인해 그 기간 이후에 다가온 높은 수익의 기회를 놓쳤다. '가치 투자가 작동하는 이유는 때로 가치 투자가 작동하지 않는 시기가 있기 때문이다'라는 그린블라트의 충고는 간접투자에서 인내의 역할을 다시 한 번 생각하게 만든다.

이러한 측면에서 금융 위기 이후 매일 수익률 경쟁을 벌였던 투자자문사들의 과도한 랩(WRAP) 수익률 경쟁과 하위 운용사들의 수익률 경쟁을 유도하는 일부 기관들의 레이싱 펀드(racing fund)는 건전한 투자 문화 정착과 거리가 먼 초단기 경쟁 문화를 시장에 확산시켰다는 점에서 금융투자업에 종사하는 한 사람으로서 안타깝다. 하지만 이러한 경쟁 문화는 오래가지 못하고 누구도 승자가 될 수 없는 레드오션의 세계로 이끌 뿐이다. 현명한 간접투자자라면 단기성과에 초점을 만든 펀드 상품보다 본연의 투자 원칙을 장기적으로 끌고 갈 수 있는 펀드를 찾아 가려낼 수 있는 안목을 키워야 한다.

이닝 종료

이만수 감독의 재신임과 김진욱 감독의 경질

2013년 정규 시즌이 끝날 무렵 불거진 SK 와이번스의 이만수 감독의 경질 여부는 야구팬들, 특히 SK 팬들의 많은 관심을 끌었다. 구단과의 마찰로 경질된 김성근 감독의 뒤를 이어 팀 지휘봉을 잡은 이만수 감독은 김성근 감독을 지지하던 많은 SK 팬들에게 비난의 대상이 되어 왔으며, 7년 만에 포스트 시즌 진출에 실패한 2013년에는 이만수 감독의 경질을 요구하는 팬들의 요구가 어느 때보다 거셌기 때문이다. 비록 SK는 원래 계약했던 바와 같이 2014년까지 이만수 감독에게 지휘봉을 맡기겠다고 발표함으로써 이만수 감독의 경질에 대한 논쟁은 수면 아래로 가라앉기는 했지만 팬들의 불만은 쉽게 수그러들지 않았다.

만약 이 책을 읽는 독자가 SK의 구단주라고 한다면, 이러한 팬들의 항의에 어떻게 대응을 해야 하는가? 이러한 질문에 고민하는 구단주의 모습은 떨어지는 수익률에 당황해하는 투자자들의 모습과 다르지 않을 것이다. 이 질문을 투자자 관점에서 다시 해석한다면, '수익률이 낮은 펀드를 해지하고 다른 펀드로 갈아탈 것인가, 아니면 애초에 투자기간으로 삼았던 3년 동안 계속 유지할 것인가?'의 문제로 바꿀 수 있다.

이 질문에 대한 필자의 답은 경질하면 안 된다는 것이다. 물론 팬들의 강력한 항의를 팀 운영에 반영하는 구단주의 자세는 팬과 함께한다는 구단의 이미지를 형성하는 데 긍정적일 것이다. 하지만, 계약 기간을 채우지 못한 원칙 없는 경질은 더 큰 문제를 야기시킬 수 있다. 우선 차기 감독이 될 사람은 자신의 소신대로 팀을 운영하기보다 야구팬들의 변덕스러운 감정을 맞추기 위해 눈치를 볼 가능성이 높다. 또한 성적이 안 좋을 경우 구단주가 언제든지 자신을 경질할 수 있다는 생각은 감독으로 하여금 단기 성적에 급급하게 해 선수들을 무리하게 기용할 가능성이 높다. 그리고 무엇보다 실력 있는 감독이 계약의 불안정성이 높은 이 구단에 감독으로 올 생각을 하지 않는다는 점에서 좋은 감독을 데려올 수 있는 기회 또한 줄어들 것이다.

이와 같이 감독과의 계약을 중간에 파기함으로써 발생하는 부작용이 생각보다 크기 때문에, 감독의 선임과 계약에 신중해야 한다. 바로 계약까지의 치열한 분석과 고민이 바로 구단주가 해야 할 고민이고 구단주가 가져가야 할 책임의 몫이다. 만약 구단주가 팬들의 의견과 성적을 반영하고 싶다면 이러한 요소들을 객관적으로 측정할 수 있는 지표를 만들고, 이를 옵션 형태로 계약서에 명기한다면 많은 부작용들을 해소할 수 있다.

펀드 투자도 마찬가지다. 펀드 투자에 가입하는 순간 감독과 계약을 맺은 구단주의 입장에서 자신이 지닌 책임의 무게와 펀드 매니저를 향한 충분한 인내를 견뎌야 한다. 그리고 자신이 견딜 수 있는 손해의 크기와 투자 기간 또한 미리 설정한 후 펀드에 가입해야 한다. 그렇지 않으면 시장의 변동성에 구단주인 자신이 흔들리고 잦은 펀드 교체로 수익률을 올릴 수 있는 좋은 기회를 눈앞에서 잃어버릴 수 있기 때문이다.

이런 점에서 계약기간이 1년 남은 김진욱 감독을 경질한 두산 베어스의 결정은 2000년대 후반 라이벌 구도를 이룬 SK와 두산의 2014년 행보를 궁금하게 만든다. 전임 감독이 경질된 후 두산 베어스의 새 감독으로 선임된 송일수 감독이 3년의 계약기간 동안 소신을 가지고 팀을 운영해 나갈 수 있는지의 여부, 성적이 안 좋을 경우 전임 감독을 경질하고 새 감독을 임명한 프런트는 그 책임을 질 것인지의 여부 등이 필자가 주목하는 두산 베어스의 2014년 모습이다.

57) 자본시장연구원, 2013. 8. 29, 〈펀드리뷰〉 8월호

58) John Huber, 2013. 10. 23, “Base Hit Investing”

59) Joel Greeenblatt, Wiley, 2005, “The Little Book that Beats the Market”

소신 있는 투자와 삶

야구를 보는 관점에서 주식투자를 하자는 아이디어로 개인투자자에게 도움이 될 만한 책을 쓰기로 마음먹은 지 2년이 지났다. 처음 쓰고자 했던 초안과 지금 책 내용을 비교해보면 그 내용과 구성측면에서 전혀 다른 책이 되었다. 개인투자자들의 눈높이에 맞게 너무 전문적인 내용은 삭제하고, 최대한 쉽게 풀어 쓰는 데 초점을 맞췄기 때문이다. 그럼에도 불구하고 여전히 일부 내용에 있어 전문적인 부분이 있을 수 있다. 하지만 이 책에서 이해하지 못한 부분이 있다고 해서 낙담할 필요는 없다. 이 책에서 가장 중요한 핵심 내용, 즉 야구를 통해 확률의 진정한 의미를 이해하고 이를 주식투자에 응용하는 자세가 무엇인지를 '느낄' 수 있으면 된다.

사실 확률을 받아들이는 자세는 야구와 주식투자에만 필요한 것이 아니다. 자세히 들여다보면 우리가 사는 삶 역시 확률로 가득차 있고, 우리는 그 삶 속에서 수많은 결정의 순간을 만나고 그 결과에 대해 책임지는 과정을 반복한다. 그리고 그 결정의 순간은 확률에 바탕을 둔 투자의 관점과 유사하다. 예를 들어 부동산 가격이 오를 것으로 기대하고 집을 사는 것, 은퇴 이후의 삶을 위해 퇴직금으로 조그만 음식점을 여는 것도 하나의 투자 행위다. 그리고 그 투자의 결과에 따라 남은 삶이 달라진다. 이런 인생에 대한 투자 결정에서 우리는 투자 위험을 줄이고 성공 확률을 높이기 위해 부동산 시장을 조사하기도 하고 음식점을 열 곳의 상권을 조사하고 고민한다.

좀 더 넓은 범위에서의 투자를 생각해보자. 우선 학창시절에 얼마나 공부를 잘했느냐에 따라 지금의 사회적 위치가 달라진 것도 일종의 공부에 대한 투자로 볼 수 있다. 샐러리맨의 경우 회사 조직 내에서 성공할 것으로 보이는 상사 라인에 붙어 빠른 출세를 하는 것도 회사 내에서의 투자라고 볼 수 있다. 심지어는 한 나라의 대통령이 되기 위해 자신의 모든 것을 거는 것, 또 그 후보를 위해 정치적 파벌을 형성하고 그 안에 참여하는 모든 행위가 투자라고 볼 수 있다. 이렇게 우리는 본의 아니게 그동안 많고 다양한 투자 경험을 해왔고, 그 속에는 확률이라는 것이 작용한다. 따라서 확률에 대한 이해와 그 결과를 받아들이는 자세는 우리 삶에 많은 영향을 미치는 소중한 자산이다.

필자가 한 가지 중요하다고 생각하는 것은 모든 결정들은 결과에 관계없이 본인 스스로 내릴 수 있었으면 하는 것이다. 자신의 삶을 이루는 많은 것들을 자신이 아닌 다른 사람이 결정해 준다면 그 삶은 자신의 것이 되지 못한다. 그런 면에서 소신을 갖고 팀을 운영하는 감독의 모습과 소신 있게 고객의 자산을 운용하는 포트폴리오 매니저의 모습은 우리가 살아온 삶을 다시 한 번 돌아보게 한다. '나는 내 스스로 소신 있는 결정을 하며 살았는가.'

지금까지 9회로 나눠진 한 권의 책을 마무리했다. 마치 9회까지의 한 경기를 뛴 것과 같은 기분이다. 비록 이 책은 여기서 끝나지만, 우리는 여전히 내일 열릴 시장과 경기에 대비해야 한다. 독자 여러분 모두 이 책을 통해 확률을 쉽게 이해하고, 즐거운 마음으로 주식투자를 할 수 있는 계기가 되었으면 한다

프로야구 명감독이 주식투자를 한다면

초판 1쇄 2014년 2월 20일

지은이 안혁
펴낸이 성철환 **편집총괄** 고원상 **담당PD** 이윤경 **펴낸곳** 매경출판㈜
등 록 2003년 4월 24일(No. 2-3759)
주 소 우)100-728 서울특별시 중구 퇴계로 190 (필동 1가) 매경미디어센터 9층
홈페이지 www.mkbook.co.kr
전 화 02)2000-2610(기획편집) 02)2000-2636(마케팅)
팩 스 02)2000-2609 **이메일** publish@mk.co.kr
인쇄·제본 ㈜M-print 031)8071-0961

ISBN 979-11-5542-087-4(03320)
값 16,000원